カッコイイ大人になれ！

目　次

◆第2章　起業から「営業日本一」への道

◆第3章　世界最大の異業種交流組織との出会い

まえがき

初めまして、牛木章太です。

「カッコイイ大人になれ!」

この言葉が整備士だった牛木を突き動かし、牛木の人生を変えました。

カッコイイ大人とはどんな大人なのでしょうか?そもそもカッコイイって?これらは人によって様々だと思います。私には私のカッコイイ大人像があり、カッコイイと思うことがあります。この本を読んでいる皆さんにそれを押し付けるつもりはありません。

あなたはどんな人がカッコイイと思いますか?

カッコイイって不思議な言葉だと思いませんか。少年だったらヒーローやアニメの主人公がカッコイイと思うでしょう。

学生だったらカッコイイ!と思う先輩や先生がいるかもしれません。

芸能人や有名人にもカッコイイ人、カッコ悪い人がいますよね。見た目もカッコイイの要素のひとつでもありますが、その人のあり方やコミュニケーションをみてもカッコイイと感じることもありますよね。

カッコイイという言葉は男性向けだと思われがちですが、女性でもカッコイイ人っていますよね。可愛いとか綺麗もいいけど、カッコイイ女性というのは男以上にカッコイイと思います。

それではカッコイイ大人とはどんな大人なのか？　カッコイイとはどういうことなのか？

牛木の体験を含めながらお伝えしていきたいと思います。

第1章

ダメ人間だった整備士が独立起業！

・牛木について

私は20歳の時にバイクの整備士として働き出しました。

何故、整備士になったのかというと、特に大きな理由はありませんでした。

高校生の時は勉強も部活もほとんどしないで、友達と遊んだりゲームをするばかりでした。

最初のバイクは原付で、その後はゼファー400というバイクに乗っていました。

湘南純愛組という漫画の影響を受け、作中に出てくる真樹京介という暴走族のリーダーが載っている紅蓮のZ2というバイクに憧れて、火の玉カラーのゼファーに乗っていたのです。


とは言っても牛木は暴走族に入る訳でもない、中途半端な不良でした。

タバコを吸ってコンビニの前にたむろって、バイクに乗って、誰かの家で酒飲んで、そんな日々を過ごしていたのです。


学校や社会への反発で大学には行きたくない。

でも高校卒業して就職するほどの覚悟も度胸も無い。

ホント中途半端なダメダメ野郎でした。大学に行きたくないけどもうちょっと学生気分を味わいたい。

そんな理由で自動車整備の専門学校に入りました。

こんな中途半端な不良になったのには理由がありました。牛木が小学生の頃、もともとガキ大将でやんちゃ坊主だったのですが、６年生の時にいじめにあいました。今までいじめる側だったのが、突然、みんなからいじめられるようになりました。

無視されたり、本人にはわからない設定でのあだ名で悪口を言われたり…。毎日学校に行っても誰とも話すことなく、ずっと机で寝ているような毎日でした。

元々、ヤンチャだったのに、今はみんなにいじめられているということでプライドもあったんだと思います。毎日が辛くて自殺を考えたこともありました。

友達もいないのでドラクエやＦＦのようなテレビゲームをやったり、少年ジャンプの漫画を読むことだけが生きがいでした。

小学校を卒業したら学区の離れた中学校に入ったので、いじめていた人たちとの縁はなくなりました。中学校に入ると新たな友達はできたのですが、昔のようにはいきませんでした。

自分に自信がなくなってしまっていたんです。

友達ができたとしてもある程度の距離を持ってしまうようになりました。

この人もいつかは俺を裏切るんじゃないか?自分の本音は本当の自分を出すと嫌われるんじゃないか?

そんな想いが湧いてきて、自信を持って自分を表現できなくなってしまいました。

本来の自分を出すと嫌われる、だから周りに合わせるようにと考えて、過ごしていました。自分に自信が無くて、弱いんだけども強がりたいという気持ちがありました。自分の弱さを隠すために、まずは上履きのかかとを踏んづけて、ワイシャツのボタンも首から2つ目まで外して、ワイシャツをさらにズボンから出して、少しずつ不良少年になっていきました。

中3の頃には、たばこを吸ったり髪を染めたりピアスを空けたりするようになっていました。でも、受験勉強は頑張っていたので私立の大学付属のそこそこ頭の良い高校に入ることができました。両親とも高卒だったので、「大学に行かないと人生で損するから絶対大学に行きなさい!」と言われていたので、大学付属の家から電車で15分くらいの高校に行くことにしました。

入学してから1カ月もたたないうちに、「俺は入る高校を間違えたな・・・」と気づきました。高校のみんなは真面目な人ばかりだったのです(笑)牛木と合うような人が一人もいませんでした。

「ここは俺の居場所じゃない」

と思って、結局、地元の不良友達とばかり遊んでいました。

ＸＪＡＰＡＮが大好きだったのでＨＩＤＥモデルのチェリーサンバーストという色のギターを弾いたりもしていました。

1年間だけ本気でボクシングをやったりもしましたが、不良仲間と遊びたい気持ちに負けて辞めてしまいました。

その頃は尾崎豊の『15の夜』や『卒業』を聞いてすごく共感して涙を流したりもしました。

牛木の通っていた高校では、停学は1回まで、2回目で退学になる、という暗黙のルールのようなものがあったのですが、牛木は2回停学になりました。学校への反発心が高くなりすぎて、大学に行く気持ちもその時には完全失せていたのです。

今思うと一番腐っていた時期かもしれません。

「どうせ俺なんて工事現場で働くか整備士くらいしかなれないだろう。

だったら整備士の方がいいかな?」くらいな気持ちで自動車整備の専門学校に入りました。

私立の大学付属の高校に行かせてくれて、更に専門学校にまで行かせてくれた両親には感謝していますし、今では申し訳なかったと思っています。

専門学校は中野にあったのですが、当時は生徒がヤンキーばかりだったので、真剣に授業を聞くわけでもなく、友達と飲みに行ったり、アルバイトしたりと、またダラダラとした学生生活でした。

学校への反発とかはなかったので、まあ楽しい時間を過ごしていました。楽しい学生生活も2年で終わり、卒業になりました。

卒業後の進路として、自動車の整備の求人は学校に来るのですが、バイクの整備の求人は学校に来なくて、どうしたらいいんだろう?と考えてる間に卒業してしまいました。

ということはあんまり考えてなかったのかもしれません(笑)

専門学校卒業してプータローだとさすがに親も「仕事しないなら家から出てけ!」と言ってくれたので、しぶしぶネットで仕事を探しました。ネットで調べたら川崎に整備工場があって、給料175,000円とありました。

これは当時の業界としてはめちゃくちゃ高いんです!!
有名な自動車メーカーに就職した友人が初任給150，000円と聞いていましたので、
オートバイで175，000円というのはビックリでした。
それで就職した川崎の整備工場が私の人生を変えました。

・整備士になって運命の出会い

牛木が就職したその会社は当時、まだ小さな会社だったのですが、牛木が入社してから2年経った時にはジャスダックに上場し、その後東証2部上場しました。今では、恐らく誰もが知っている某有名バイク買取専門店です。

入社したばかりの時は特にやる気も無く、何となく日々整備をしていました。Sさんという仕事に厳しいんだけど普段は面白い冗談ばっかり言っている素晴らしい上司にも恵まれました。整備のことも色々教わりましたが、社会人としての考え方や常識を叩き込んでもらえました。良い意味での調教でした。

整備士として就職してから出会った上司、社長、取引先との出会いがあるからこそ起業ができたのです。普通のバイク屋さんに就職していたら今の牛木は無かったと思います。

ここからは、そんな整備士時代からの出会いや学びをご紹介します。

・語先後礼

今でもすごく役に立っているのが「語先後礼」というマナーです。
だいたいみんなが挨拶する時って「おはようございます」って言いながら頭を下げますよね。お疲れ様です！とかありがとうございます！などと言いながら頭を下げるじゃないですか？牛木がいた会社ではそうやって挨拶すると
「お前は地面に向かって挨拶してるのかー!!」と言って蹴りを入れてくれます（笑）
相手の目を見て
お疲れ様です！
おはようございます！
ありがとうございました！
と言い終わってから頭を下げる。

このようなマナーが牛木が最初に務めた会社では徹底されていました。社会人1年目でたたきこまれたので完全に癖、習慣になっています。アポイントであいさつする時や、セミナーで話すときに語先後礼をするだけでも堂々としっかりした人に見えますよ。

特におススメなのが謝罪する時。

「すいません、すいません」
とペコペコ何度もお辞儀をするよりも相手の目を見ながら
「今回は本当に申し訳ございませんでした！」と言い切ってから深々と頭を下げる。

面白いですね。

この後の章でもまた触れますが、話す内容だけではなく、身振り手振りでも伝わり方って変わるんですね。

まあ、そんな厳しくも優しい上司に鍛えられながら毎日楽しく仕事をしていました。

とは言ってもメチャクチャ頑張るわけでもなく、なるべく早く帰って、家でゲームをするか地元の友達と飲みにいくか、という今まで通りの生活でした。

そして入社３か月くらい経った時に運命の出会いがありました

・社長への憧れ

その会社の社長が、牛木の所属している川崎店に来るというイベントがあったのです。

店長とか上司は「社長に会える！」とワクワクしていましたが、我々末端の人間たちは「なんかめんどくさいな」と思っていました。

いよいよ社長が会社に入って来た時、数人で来たのですが一瞬で「この人が社長だ！」と分かりました。なんかオーラがあるんですよね。

そして社長の熱い話がスタートしました！

その話がめちゃくちゃ熱くてカッコよかったんです！

「俺たちはこれから上場するんだ！
上場っていうのはエリートが集まっても難しいんだ！
それを俺たちみたいな高卒の雑草の集まりがやるんだ！

これはすごいと思わないか⁉
ウチで一所懸命頑張れば、学歴も職歴関係なくチャンスがある！
もっと稼げるようにもなるし、役職にだってつける！
だからいいかお前ら！居酒屋で愚痴を言うようなカッコ悪い大人にはなるな！
カッコイイ大人になれ‼」

と、熱くみんなに向けて話してくれました。

これで衝撃が走りました！
初めて大人に憧れた瞬間でした。

当時のあの会社には高卒とか中卒の人が多くて、入れ墨が入ってる人もいて、喫煙率はほぼ１００％な会社でした（笑）

社長の言葉は、そんな人間たちに勇気と希望を与えてくれた気がしたのです。

その社長も高卒だったんですよね。

だからこそすごく響いたのかもしれません。

「この社長すげえな！いつかこんな熱く話せるようなカッコイイ大人になりたい！
よし！一生懸命頑張って将来社長になりたい！」
とこの頃から考えるようになりました。

人生にスイッチが初めて入った瞬間です。

そして社長はこうも言っていました。

「全員が経営者意識を持て！
経営者意識を持って仕事をすればチャンスがある！
そして矛盾と戦う大人になれ！
社会は矛盾だらけだ！ウチの会社にもあるかもしれない。
社会の矛盾と戦う大人になるんだ！」

これを聞いて、自分の経営者意識を持とうと思いました。

それまではただ、言われたことをやって、なるべくサボるようにしていましたがこの時から自分の気持ちが変わったのです。

「よし！社長の言うように経営者意識を持って仕事を頑張ろう！
そうすればいつかは社長になれるかもしれない！」

そう思って仕事をするようになりました。

その時不思議だったのが、他の社員も社長の話を聞いて燃えていたのですが、数日経つといつもどおりになってしまっていたことです（笑）牛木の場合は今まで努力をあまりしてこなかったためか、そのモチベーションが保たれていました。それから全国展開やテレビＣＭも始まり、牛木は西国分寺にある店舗の工場を任されるようになったのです。

・経営者意識とは？のるかそるか

基本的に、当時努めていた会社は1店舗に営業が5名くらいいて、工場に整備士1人という形だったのですが、牛木が任された府中店はめちゃくちゃ忙しい店舗でした！

郊外で店舗が広いということもあり他の店舗の1．5倍くらいの作業量があり、とても1人で普通にやっても終わらない大量のバイクが入って来るのです。

最初は

「牛木くんは整備だけしてくれたらいいよ。洗車は営業や店長がやるから」

と言われていたのですが、営業メンバーが会社に帰ってくるのは22時とか23時過ぎ。

当然、疲れて帰ってしまうので洗車も牛木がやらないといけない状況になりました。

川崎店の頃の上司Sさんからもわざわざ心配して電話をしてくれて、「お前は整備だけすればいいんだ！洗車はしなくてもいい」

と言ってもらったのですがこの時に社長が言ってた経営者意識を持て！という言葉がよみがえりました。

確かに自分は整備社員だから整備だけして定時に帰ってもいい。

でもそうしてしまうと洗車する人がいないから、汚いままのバイクをオークションに出すことになる。そうすればもちろん売り上げが下がる。

サラリーマン整備士としての考えだけだと会社の売上まで考えなくていいかもしれない。


でも経営者意識を持ったらどうだろうか？


これが運命の分かれ道でした。

洗車もやるか？

整備だけするか？

経営者意識を持つならば、無理してでも頑張ろう！と心に決めました。


ちなみに整備とはどんなことをするのでしょうか？
※ここからはマニアックな話なのでバイクや車に興味が無い方は読み飛ばしてください。

基本的には、買い取ってきたバイクでエンジンのかからないものをかかるようにすること。

あとは改造されたパーツがあったならばノーマルに戻す作業が中心です。

前者はバッテリー交換やプラグの交換、キャブレターのオーバーホールをします。

中にはガソリンタンクの中が腐っていて、サンポールを入れて1日漬けて綺麗にするというのもありました。

それから、キャブレターオーバーホールという作業を1日2台～6台くらいやります。

これが最初は大変で、1台2時間とか5時間くらいかかることもあります。


そして洗車。

洗車と言っても、その前に錆とりという作業があります。

ボンスターというたわしでメッキ部分を磨きます。

錆がひどいところはピカールという液体を付けます。

その後、洗剤と高圧洗浄機で洗車。

乾いたらコンパウンドで磨いて最後にワックスをかけます。そうするとボロボロだったバイクを新車並みに綺麗にすることもできます。

ちなみに退社前の牛木は6台同時にキャブレターオーバーホールする技を持っていまし

た。

でもタイヤ交換も車検も何もできません（笑）そんな、偏った分野ですがその道数十年の整備士以上のスピードで整備するレベルまで行ったのです。

話を戻します！

仕事を本気でやろう！と決めました！それから一週間、休みが無い時もありましたし、たまに徹夜で仕事をすることもありました。

朝は誰よりも早く出社して、夜は23時過ぎまで仕事をしていました。

一週間ぶりの休みになると背中と腰が痛くて動けないほどでしたね。

それでも夜中まで仕事して、12時くらいにカップラーメン食べて栄養ドリンクを飲んで、朝４時まで整備と洗車をして、８時に起きて仕事をするというのはなんだか楽しかったです。「こんなに頑張っている21歳はいないんじゃないか？」と思って気持ちよかったんですね。そのおかげで店長や上司からは褒められるようになりました。自分より偉い人に褒められるということが今までなかったので、すごく嬉しかったことを覚えています。

K部長という、店長たちがみんな恐れているおっかない偉い人にも名前を覚えてもらえて、気にかけてくれた時はすごく嬉しかったです。

仕事もできるようになり、生まれ変わったような気分でした。

・部長さんとの出会い

その後、西国分寺から市川の店舗に異動となりました。そのお店は整備スタッフがいなくて工場が壊滅的な状態だったので、その立て直しをすることになったのです。22歳となり仕事にも慣れて順調にやっている時に、ある出会いがありました。この出会いがあったからこそ、今の牛木があると思います。

ある夏の暑い日、ラジオの取材が牛木のいる市川店に来ました。

店舗の中はクーラーが聞いて涼しいのですが、工場の中は蒸し風呂のような状態でした。汗だくでツナギも油まみれで仕事をしている時に、店長が工場に入ってきてこう言ったのです。

「ラジオの取材が来たから一旦、手を止めてあいさつに来てくれる？」

ということなので、「挨拶しても何の意味もないけどまあ、しょうがないか」と思いながらも、手を洗って汗を拭いて店舗に向かいました。

ラジオの取材陣は３人でアナウンサーらしき綺麗な女性が２人、ヒゲにサングラスという怪しい雰囲気の、「部長」と呼ばれるおじさんが１人。

３人に挨拶をすると部長さんは挨拶してくれたのですが、女性２名は汚いものを見るような目で見てきて、こちらが挨拶しても、挨拶を返してはくれませんでした。

その時の女性2人の目は、学生時代に先生が自分を見る目と全く同じでした。不良時代からそういう目で見られることはなれていましたが、せっかく仕事ができるようになったけど、やっぱり俺はそういう目でみられる社会の底辺なんだなと感じて、すぐに工場に戻って作業を始めました。


すると店舗から部長さんが工場にやってきました。

スーツを着た状態で蒸し暑い工場に来て、色々話かけてくれるんです。

「忙しいなか挨拶に来てくれてありがとう。若いのにこんな整備とかできるのはすごいね！車とかは好きなんだけどメカは全く分からなくてね。はっはっは。時計の修理はできるんだけど整備は全くわからないんだ。この部品はどこの部分なんですか？」

となどと、気さくに声を掛けてくれました。


すぐに意味が分かりました。

「ウチの若い連中が失礼な態度をとってごめんね」と言ってくれているようでした。

5分くらい色々話してくれて、部長さんが店舗に戻るころには涙が出てきました。

「いやいや、時計の修理できる方がすごいよ！」

というツッコミも頭の中をよぎったのですが、なんて優しいんだろうと思いました。

俺も将来社長になって偉くなってスーツを着てても、作業着やツナギを来ている人にやさしくできるようになろう、着ている服装や肩書だけで態度を変えるような人にはなりたくない！

そう深く思ったのです。

そんな経験を元にして、「普段力®」という言葉を作りました。普段のコミュニケーション能力という意味です。

多くの営業マンや起業家は相手の肩書によって態度を変えるんです。

年上の社長にはペコペコするけど、年下の会社員には横柄。

年上の金持ちには謙虚だけど、年下のお金持ってない人には雑な対応。

それは本物ではないと思います。

相手が誰であったとしても態度を変えない、それがカッコイイ大人だと思っています。

この時の悔しい想いと、部長さんから感じた優しさがあるからこそ、牛木はのちに起業に踏み切ることができたのです。

・他店舗のマネジメントから独立の決意

それからしばらくすると千葉店や松戸店、越谷店に手伝いに行くこともありました。役職はついてなかったのですが、役職者になったかのようで嬉しかったです。

役職についていなかったので、他の店の応援に行く義務はないのですが、当時のエリアを統括しているシニアリーダーのＹさんから

「もしできれば手伝いに行って色々教えてきて欲しい。」

と言われました。

Ｙさんとはとても仲良くしていて尊敬もしていました。

上司というよりは兄貴のような存在で大好きでした。Ｙさんの力になりたいし、他の店舗に教えに行くってやったことないけど、これが自分の成長に繋がって、社長になる夢に近づくかもしれない！そう思ってお手伝いに行くようになりました。

あとで知ることになるのですが、人が何かを選択する時には
自分にとっての最善
と
自分がとれる最善
があるようです。

自分にとっての最善とは、自分のことしか考えてない選択のことです。自分がとれる最善は、相手や周り、そして未来を考えたときの選択ということになります。

例えば、電車で座っていたら目の前におばあちゃんが立っていたとしましょう。
自分にとっての最善なら寝たふりをします。
自分がとれる最善は席を譲ることです。
ちょっと恥ずかしい気持ちがあるかもしれませんがやってみて下さい。

話を戻します。

当時、所属していた市川店には新人の部下も入って来て、さらに、毎日違う店に行って実質的には、４店舗を統括するような存在になっていました。おかげさまで給料も増えて、最初は１７５，０００円だったのが２３０，０００円くらいになりました。

それから死ぬほど忙しいということもなくなってきました。それとともに、起業したい！という想いも少しずつ薄れてしまっていたのです。

「このまま会社にいれば安定だし、そこそこは稼げる。でも俺は本当は起業したいんだよな？でも起業するにはどうしたらいいのかわからない。」

そんな時、大阪から一本の電話がかかってきました。

会社の整備士の中でかなり偉いM主査からの電話でした。

なんか褒められるのかな？と思いながら電話にでると。

「牛木くん、何で他の店舗を手伝ったりしとるねん。そこまで仕事頑張らないでええねん。役職ついてる訳でもないからそこまでしないでええやん。役職ついてない君がそこまでするど俺らの立場がないやろ？わかるか？」

と、言われたのです。とても残念な気持ちになりふつふつと怒りがこみあげてきました。

「俺は自分の成長と会社の為に仕事を頑張ってるのに、頑張るなとはどういうことだ！社長が経営者意識を持て！社会の矛盾と戦え！という言葉を聞いて頑張っているのに！俺もこのままいて10年経ったらこんなことを言う大人になってしまうのだろうか？」

そう思い、起業することを決意しました。

いい年こいて自分の保身を考えて、努力してる若者の妨害をするような大人にはなりたくない！

今は給料も時間も満足してたけど、やっぱり俺は起業だ！と決意したのです。

でもどうやったら社長になれるんだろう？と考えて、まずは本を読んでみよう！と思いたちました。

その頃から色々な本を読むようになりました。自己啓発、成功、金持ち、起業というようなキーワードの本を読み漁りましたね。

有名な本はだいたい読みました。

ナポレオンヒル、アンソニーロビンズ、成功の9STEP、バビロンの大富豪、7つの

習慣、ユダヤ人大富豪の教え、神田昌典、金持ち父さんなどなど

そういった本に書かれていることがすごく勉強になり、整備士時代の仕事にも活かせました。「こういうことを、何で学校で教えないいんだろう

理科とか数学よりもこういう考え方を学校で教えた方が社会に出て役に立つのに。

なんかそういう仕事ができればいいいな。」

と思うようになりました。

ところで、だいたいこの手の成功本を読むと次のステップがあります。

それはセミナーとか交流会に参加することですね。色々なセミナー参加してみて、とても勉強になるものもあれば、怪しげな勧誘が実体のセミナーも沢山ありました。当時はネットで調べるか、mixiを使っての交流を中心に情報を集めていたのです。ほとんど友達がいない、ブラック企業で働いて起業の為に本を読み漁っている。

悪徳商法からしたら最高にいいカモです（笑）

ですが騙されることはあんまりなかったです。

そこでまた運命の出会いがありました。

私の実家のある戸越の不動産会社でお金の勉強会があり、家から近いことを理由に参加しました。そこで、勉強会終了後に主催者の方から別のセミナーに誘われたんです。


「牛木さん、セールスとかコミュニケーションに興味あります？

もし、将来経営者になるのなら必要だと思いませんか？

五反田でその体験セミナーがあって1，000円で参加できるので来てみませんか？」


と、言われたんです。


当時の牛木は人見知りで人と話すのが苦手。

知らない人に声をかけることもできないし、場を盛り上げることもできない。特に人前で話すのが苦手で、朝礼でみんなの前で話すのも緊張していました。

営業もしたことがなかったんです。

営業だと歩合もついたりするからちょっと憧れていたのですが、自分は整備士だからと諦めていました。

20歳の時に社長が熱くみんなの前で話していたように、俺ももっと堂々とカッコよく話せるようになりたい！

そう思ってその体験セミナーに行った時に、「ソーシャル・アライアンス株式会社（ＳＡ）」と出会いました。ＳＡという会社は、ある能力開発プログラムの業界で世界一になった桑原正守という男が作った会社で、セールスやコミュニケーションにセンスや才能は関係ない！

誰でもツボとコツを押さえればセールスやコミュニケーションの達人になれる。

という理念を持った会社でした。

桑原正守さんは、今でも牛木の営業の師匠だと思っています。世界80か国に展開している某成功哲学のプログラムで営業、マネージャー、代理店で世界一になったという伝説の営業マンです。その会社では、彼の営業ノウハウ、コミュニケーションのコツを全てテクノロジー化して、教材にまとめた「ＳＡプログラム」を販売しています。

このＳＡとの出会いで牛木の起業がスタートしたんです。

当時、五反田にあったＳＡセミナールームに行くと、牛木が読んだことのある本がありました。

『もし、坂本龍馬が営業マンだったら』という本でした。以前に読んで内容にかなり感動していたので、この本を書いた人の会社なんだ！と思って縁を感じたのです。元々歴史が大好きなので、自己啓発本を読むと同時に司馬遼太郎の『竜馬がゆく』や、『燃えよ剣』や『国盗り物語』や『太閤記』なども読んでいました。

戦国時代と幕末が大好きなのです。脱線しますが、歴史小説だと隆慶一郎の『一夢庵風流記』という本が意外と知られて無いですがおススメです。少年ジャンプの『花の慶次』の元となった小説です。

そんなきっかけからＳＡの体験セミナーに行き、ＳＡのトレーニングシステムを取り入れることを決め、教材を採用しました。当時の牛木にとっては金銭的な不安もあったのですが、ここで何もしなければ変わらない！と思い、決断したのです！24歳の整備士なのに、そこそこいい値段のする営業の教材を買ったということで、自分のセルフイメージもあがりました。

俺なら本当に起業もできるし営業でも成功できるかもしれない！

実際にＳＡプログラムを学んでみると目からうろこでした。
牛木が購入したのは、マスターセールスプログラムとマスターコミュニケーションプログラムという２つの教材でした。ＣＤとテキストで構成されていて、基本ＣＤの音声を携帯に入れて移動中に聞くという形式でした。

セールスという志事の価値とは？
自分には潜在能力がある。
成功するプレゼンテーションの５ＳＴＥＰ
永続的成功者とは？
自分がとれる最善
質問の達人になる
魅力のテクノロジー
立場の恩人とは？

などという内容の中に、牛木が人間関係で悩み続けていたことの答えがありました。

自分自身に何故自信が持てないのか？

言いたいことを言おうとしてなぜ言えないのか？
何故、人の目を気にしてしまうのか？
人前であがってしまう理由は？
何故、いつも3日坊主で辞めてしまうのか？
好きな上司と嫌いな上司がいる理由もわかりました。

全ての答えが見つかったのです。

もちろん1回読んだり聞いただけでは忘れてしまうので、音声で1日1時間くらいは聞いていていました。

休日や有休を使って月に2，3回セミナーに参加して、徹底的に学びました！

SAを採用して3か月、そろそろ営業に挑戦してみたい！

そうすれば起業もできるかもしれない！

・営業への挑戦

ということで営業の仕事をスタートしました！

まずは当時務めていた会社で買取の営業を始めました！

営業方法はルート営業で1日3件から5件の無料査定が組まれます。だいたい1時間くらいでその場で商談をして、現金を払って買い取っていくという営業でした。中には売る気満々のお客様もいるのですが、とりあえず無料査定希望というお客様もいます。でもこちらとしては必ず買い取らないといけないという、ある意味厳しい営業です。

もちろん最初はうまく話せずに全然だめなのですが、営業を初めて1ヵ月後には少しずつ成果が出てきました。

私はＳＡで相手の心を開くということを学びました。

相手の話を聞いて反応する、相手を承認する。

これはプレゼンテーションの5STEPというノウハウで

①　心を開くアプローチ
②　問題意識を引き出す
③　利益と可能性を描かせる
④　へびのしっぽのクロージング
⑤　反論処理の秘訣

という5つから成り立っています。

どんなセールスでもどんな商品の販売でも必ずこのSTEP通りに運べば成功するというノウハウなのです。

世の中には色々なセールステクニックや本、セミナーがありますが、この5STEPで全て言い換えることができます。

①　心を開くアプローチ

まずは相手の心を開くこと。

営業マンが来ると警戒しますよね？この状態が心が閉じてる状態です。

無理に売り込まないという安心感を与えないといけません。

それ以外にも気づかい、デリカシー、清潔感、承認、反応、同化して導くなどが必要となります。

②　問題意識を引き出す

相手から「今のままだとまずいな」という健全な問題意識を引き出す。

ただ、いきなり問題意識を与えてしまうと心を閉ざしてしまいます。

例えば太っている人にいきなり「痩せた方がいいですよ」と言ってしまって相手がカチンと来るのと一緒ですね。

かといって問題意識に触れないと最後の最後で「いいのはわかりましたが今は結構です」と、言われてしまいます。

③　利益と可能性を描かせる

商品説明ではなく、その商品を使ったことで得られる利益や可能性をイメージしてもらいます。

人は商品そのものが欲しくて買うのではありません。商品説明の前に可能性を描かせるのです。

そうすると商品の説明を聞きたい！という状態になります。

相手がワクワクするようにしましょう。

④　へびのしっぽのクロージングとは無理に決めさせることではない。
商品のプレゼンは好きだけどクロージングは苦手、嫌いという営業マンが多いようです。

無理やりペンを持たせて契約書にサインを迫ることがクロージングではありません。

相手を本気にさせることこそがクロージングです。

⑤　反論処理
反論をお客様からのやっかいな攻撃の様に受け止めて、まるで口喧嘩のようになっている営業マンもいます。

これでは何とか契約に繋げることができたとしても、後で解約になるでしょう。

お客様からの反論と戦わずに、上手に契約までエスコートするような反論処理の秘訣があります。

この5STEPプレゼンテーションを学び、少しずつ実践できるようになりました。

これによって初めて会うお客様とも一気に仲良くなれるようになることができました。

一番嬉しかったことはバッティングという何社か同時に呼んで、一番高い業者に売るというお客様に選んでもらったことです。通常一番高い業者に売るのですが、私の対応を気に入ってくれたようで、2番目に高い金額だったのですが、牛木を選んでもらえました。

これは相手を気遣い、心を開いてくれる対応をしたから得られた結果です。

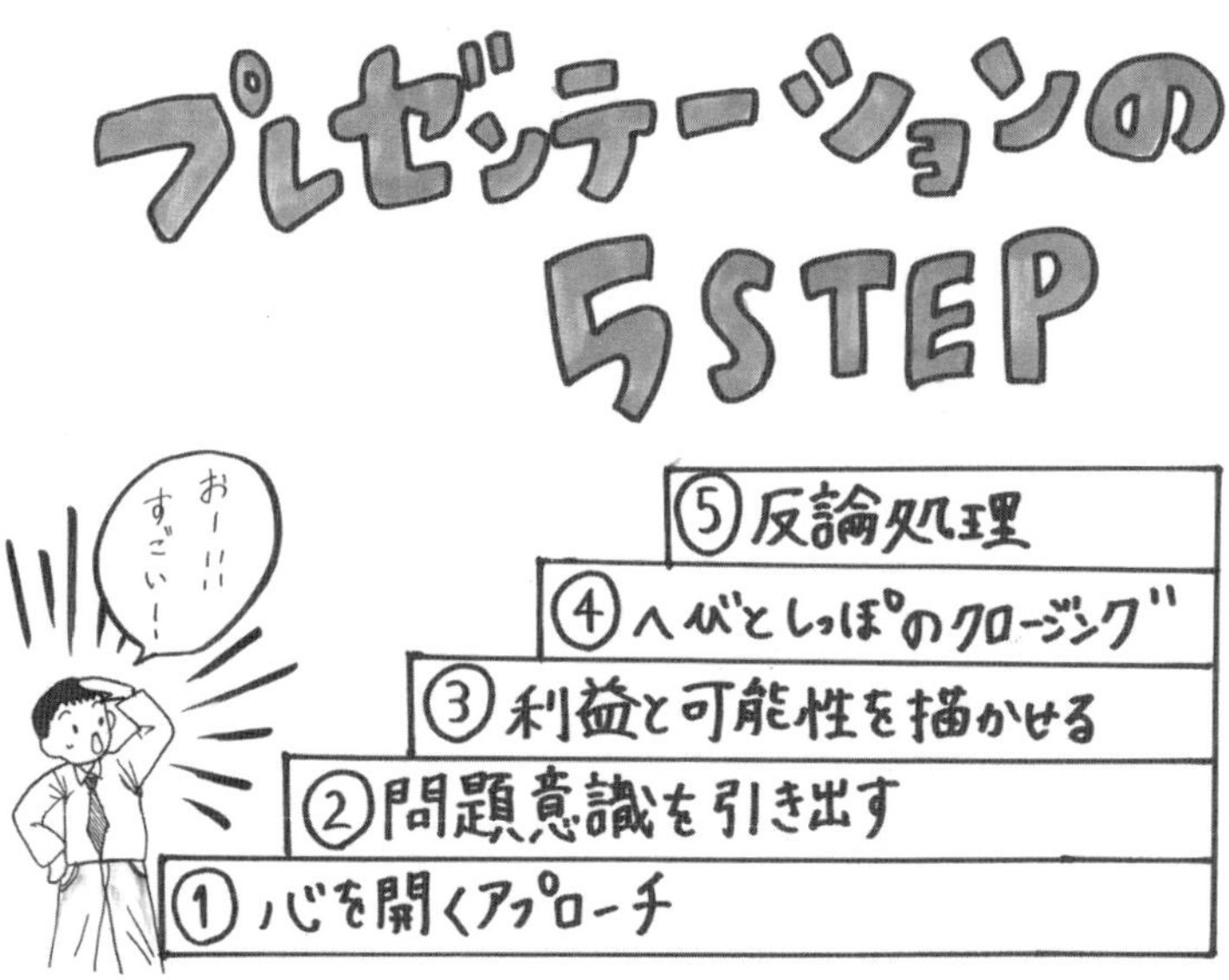

他にも安心を与えるということもあります。

相手は売るか売らないか迷っています。
※普通の営業だと買うか買わないかですね。

そんな中、こちらが買いたいオーラを出すとお客様は警戒します。


会社の営業マニュアルだと最初に売却意思の確認というのをします。

「お客様、今日金額に納得してくれたらこの場で売ってくださるんよね？」

と聞くんです。と、言われるとお客様も
「え？いやーそれはどうかなー？」

と少し警戒します。


売る気満々の人ならまだしも、他社に相見積もりをとってる人もいれば、金額次第では売らないぞ！という人もいます。

そんな人に売却意思の確認をしてしまうと心を閉ざしてしまいます。

心が閉じてしまったらどんなメッセージも入ってきません。

小さいころを思い出してください。

親や先生に「宿題やったの？早く勉強しなさい！」と言われてすぐにやりましたか？

心が閉じて、わかっているけどやらないという経験をした方も多いと思います。


そこで、「○○さん、安心してください。今日売る売らないの話は置いておいて、私はプロとして査定をしますので、その話だけでもしっかり聞いて下さいね！」

と、こちらから無理に売らないでいいよ。というメッセージを伝えてあげると、相手は心を開いて聞いてくれるんです。

その後なら
「走行距離が2万キロ超えてると金額が下がってしまうんですよ」

という金額の説明にも納得してくれます。

心が閉じている状態で金額の説明をしてもなかなか納得してくれません。

それどころか「そんなこと言われても騙されないぞ！」と、より頑なになってしまいます。

人間って不思議ですね。
入っちゃダメ！と言われると入りたくなるし。
これをやりなさい！と言われるとやりたくなくなる。

北風と太陽の話はご存じですか？

北風と太陽が旅人のマントを脱がす為の勝負をするんです。
北風が冷たい風を吹けば吹くほど、旅人はマントをしっかりと握りしめます。
太陽が温めてあげると、旅人はマントを脱ぎます。
これが人間の心理なのです。

今日は売ってくれるんですよね
欲
怖い!!
しつこい
帰ってー
ぴえ〜
安心してください!!
お任せ下さい!!
この人なら安心して任せられそう
はい!! お願いします
ホッ

ということは、営業ができるようになるということは人間関係やコミュニケーションの達人になれるということなのです。

こうして営業を初めて3か月、お店でトップの成績も残すことができたので、その会社を退社することを決めました。

実は、ちょうどその時にＳＡが代理店を募集していることを知り、ＳＡプログラムの販売代理店に興味を持っていたのです。

でも、代理店をやる前にもう少し営業の修行がしたいな、と思っていたところ、セミナーに通ってできた友人から飛び込み営業のアルバイトの仕事を紹介してもらうことができました。

その時には、会社を辞めることを決めていたので、そのタイミングで4年半務めていたバイクの会社を退職したというわけです。

カッコイイ大人になれ！という熱い話をしてくれた社長、最初の上司のSさん、お世話になったYさんには、今でも感謝の気持ちでいっぱいです。

・飛び込み営業への挑戦

会社を辞めて始めた、紹介して貰った営業の仕事というのは、神田、秋葉原、お茶の水エリアの飲食店中心に飛び込んで、「チラシを配るから広告を出しませんか？」という提案をするというものでした。

新聞折込やポスティング、駅前でチラシを配ったりもします。

その為のチラシのクーポンを作る為に、まずは無料でデザインだけ作ってみませんか？と言って無料でデザインを作るのが最初の関門です。

その後はデザインやクーポン内容を気に入ってもらえれば契約です。

ここからは、修正をしたりするなどはありますが、割と契約になりやすいのですが、なんといっても最初の関門である無料デザインを作るまでが難しいのです。

神田周辺の飲食店となると1日に何度も飛び込み営業が来ます。

当然、なかなか話を聞いてもらえません。

ここで役に立ったのがＳＡで学んだツボとコツを押さえるということです。
飲食店に飛び込んで店長が話を聞いてくれる時間って何時くらいでしょうか？
答えはだいたい15時～17時。この時間帯が営業のゴールデンタイムでした。
その時間に集中して飛び込みをしたのです。

売れない人は11時とか18時に飛び込み営業して、お店の人に怒られていました。
これはもったいないですよね。
この時間の営業はお店にも迷惑がかかってしまいます。

ガッツや根性はあるんだけどツボとコツを外してしまっているわけです。

ゴールデンタイムに集中して1回話を聞いてくれたお店にいく。
ターゲットになりそうなお店に行く。
ということを心がけて営業をしていました。

ここでもう1つ使えたのが堂々と話すというスキルです。

神田エリアの飲食店というと毎日飛び込み営業が沢山来るんです。

よくいる営業マンとはどのような感じでしょうか？

何か申し訳なさそうだったり、ペコペコしてたり、焦っていたり、あとはやたらと「あっ！」って言ったり。

そういう営業マンばかり来ているので、営業マンっぽく飛び込むだけで、もう完全アウトです。

無料でいい物を配る営業だとしても店先で断られてしまいます。

そこで堂々と、そして爽やかに！

※偉そうにはならないように

堂々と爽やかにアプローチして、お店の内装やメニューを褒めると心を開いてくれました。

中には話して少し盛り上がると
「え？これって営業ですか？」と聞かれることもありました。

60代くらいのオーナー社長には
「君は俺の若いころに似ているな。ウチに欲しいくらいだ！ガハハハハ！」
と、言われたこともありました。

これは嬉しかったですね。

そうこうしているうちにダントツでトップセールスを達成するようになりました！

メラビアンの法則をご存知でしょうか？

感情や態度について矛盾したメッセージが発せられたときの人の受けとめ方について、

人の行動が他人にどのように影響を及ぼすかというと、話の内容などの言語情報が7％、口調や話の早さなどの聴覚情報が38％、見た目などの視覚情報が55％の割合であった。

という法則です。

・視覚情報：55％

見た目、表情、服装や髪型など

・聴覚情報：38％

声のトーン、間、言い方、語気など

・言語情報：7％

聞いて頭で理解する内容。

見た目が55％だから何を話すかより見た目が大切だ。

という話は実はちょっと違う解釈をしている方をよく見かけるのですが、そういう話ではありません。

これについてはネットで調べると載っていますので、ここではこれ以上は触れません。話の内容も大事だが、表情や言い方も重要だ、という程度に理解しておけば良いでしょう。

ということは営業する時もそうなんです。どんなに良い商品を持って良い話をしてたとしても、ビクビクおどおどしながら飛び込んで、申し訳なさそうに話してしまっては商品の良さが伝わらないのです。笑顔で元気に胸を張って、でもハイテンションにならずに自然な感じに

「こんにちは！店長さんいますか？」

というと、入り口にいるアルバイトスタッフも

「あれ？いつも来る営業マンとちょっと違うな？取引先かな？」

と思って店長やオーナーを呼んできてくれます。

店長やオーナーも話をしていて

「なんかいつも来る営業と違うな。よっぽど自信があるのかな？」

と思って聞いてくれるんです。これはどんなときでも使えるスキルです。名刺交換した時でも、初めての商談の時にも、爽やかに堂々と接しましょう。

それだけで仕事のできる人っぽく見られます。

ということは、逆に仕事ができない人やミスする人だとすぐにメッキが剥がれますので、自分の能力や知識を磨く必要があるということは言うまでもありません。

こういった表情、言い方、身振り手振りのことを表現力、エネルギー、オーラと言ったりします。

「あの社長オーラあるよねー」

という場合は本当にオーラが出ているのではなく、表情、言い方、身振り手振り、姿勢が堂々とカッコイイことを指します。

※スピリチュアル的に本当にオーラが出てるかどうかは専門家にお任せします。

他も見て比べてみようかと…
サービスしますよ!!
ペコ
ペコ
今決めてくれたら通常より○%安くします!!
ゴソ
ゴソ
あっ!!じゃあこっちのはどうですか?!
さわやか〜
他も見てから決めますね!!!
はい!!
キリッ
他ともしっかり比較して本当に良いと思ったら是非、宜しくお願い致します!!

その頃から人見知りもなくなって、人と話すことの苦手意識も無くなりました！

少し自信になりましたね！

高校生の時は先生から

「お前はクズだ！なんでお前みたいなやつがウチの高校に来たんだ！」

と言われてきたので、やはりどこかで

「どうせ俺なんて」という意識がありました。

でも2社にわたって営業で成果を出すことができたんだから、俺も変われるかもしれない！

じゃあ、自分がこれだけ変われたＳＡを販売する志事だったらやりがいを持ってできる！

そう思って２００８年の4月に、「ＳＡ品川」という屋号でＳＡの販売代理店をスタートさせました！

第2章

起業から「営業日本一」への道

・売れない日々

実はここからが地獄の始まりだったのです。

ＳＡのフランチャイズの人達はすごい人ばかりでした！

経営者、セミナー講師、大きな組織のＴＯＰ。
そんな人達の集まりの中で、牛木は最年少だったのですが、皆さんとても可愛がってくれました。

その中でも、自動車の整備士から成功哲学の教材で世界一になったという福岡のＦＣオーナーの方からは元整備士同志ということで色々と教えてもらいました。

今から考えると当然ですが、ほとんどのＦＣオーナーは人脈を持っている経営者でした。
しかし、牛木は人脈無しで始めてしまったので、売る相手がいなかったのです。

飛び込みとかテレアポで売れるような商品ではない。

ＷＥＢで集客とかは全く分からないしお金もない。

色々な異業種交流会にも行きましたが、ほとんど成果に繋がりませんでした。

ネットで2，０００円か3，０００円の交流会を見つけて参加して、名刺交換してその後アポを取ろうとしてもアポが取れない。

なんとかアポが取れたとしても雑談だけして終わってしまう。

ようやく会ったら逆に営業されることも多かったです。

売上が０の月も多く、貯金はあっという間になくなり、次第に借金が膨らんでいきました。

そう、正社員やアルバイトの営業なら固定給があるのですが、起業してしまうと契約が無ければ収入は０になります。

それどころか交通費、お茶代、通信費など経費がかかってしまうのです。

起業して1年経つ頃にはクレジットカードのキャッシング枠が300万くらいに膨れ上がり、返す目途も立たなくなっていました。
それでもお金がないので更に借金もしました。
消費者金融で50万を借りたときには情けなかったです。
「俺は何をやってるんだろう」と涙が出そうにもなりました。

それでもお金が尽きてしまい、アルバイトをするようになりました。

この時は、本当に情けなくて悔しかった。

せっかく整備士で成果を出して、営業で成果を出して起業したのに借金だらけでアルバイト。

でも諦めたくはなかったんです。
「成功するか自己破産するかだ！」と思い直し、頑張りました。

・メンタルブロックが外れたとき

起業して約1年が経ち、交流会で出会った人とアポを取ったり、たまに紹介してもらった人とアポを取って会うということを繰り返していました。

牛木の話を聞きたい。という人とのアポではなく、お互い何かを勧めたい、営業したい人同士のアポです。食うか食われるかのようなアポばかりでしたね。

お互い自己紹介したり自分のビジネスの話をして、ほぼ何もならずに、「じゃあ何かあったらまた会いましょう」とか「何かあったら紹介しますね」と言ってアポが終わり、その後全く何もないという、「営業あるある」ですね。

自分のビジネスの話をするくらいならいいのですが、

牛木が「ＳＡの体験セミナーに来ませんか？」とか「1回ＳＡプログラムの話を聞きませんか？」というとドン引きしてしまう。後でメールが来て「結局、営業目的のアポだったのですね。もう連絡しないでください」というようなことを言われ、自分から積極的に誘うこともできなくなってしまいました。

世間話やお互いの仕事の話をしている中で、30人に1人くらいの確率で「牛木さんのやってるＳＡの話を聞いてみたいです」と言われることがあります。ほんとにたまーにです。

なぜ、そういうことがあるのか？これはあとで法則をお伝えします。

ただ世間話をするアポを繰り返す中で、こう思うようになりました。

「俺はいったい何をしてるんだろう。アポとって世間話してコーヒー飲んで。これって仕事してないことと一緒だよな。社会にとって何も役にたってないんじゃないか？これなら整備士の頃の方が社会の役に立っているな。俺は何をやっているんだろう」

そう思っている時にＳＡプログラムの中にある、「自分にとっての最善ではなく、自分の取れる最善を尽くす」という言葉が浮かびました。

嫌われたくないから相手に営業しない、これは自分のとっての最善じゃないか？

嫌われるかもしれないけど、相手の為に営業をする。これが自分のとれる最善じゃないか？

今までは自分が売りたいから、自分の営業の為に声をかけていました。

それだとメンタルブロックができて声もかけづらいから、相手の為に声をかけよう。

逆に相手の為にならないなら、ＳＡを勧めるのをやめよう！

そう思ってアポをするようになりました。

30分～1時間くらい色々話した時に、相手が営業で困ってるなとか、ＳＡが役に立てるなと思った時に「○○さん、お話を聞いていると僕がやっているＳＡのノウハウが役に立つんじゃないかと思いました。無理に勧めるつもりは全然ありませんので、一度どんなものか確かめてみませんか？もちろん合わないと思ったらはっきり断ってください！」と、言えるようになりました。

最初は声を震わせながらとか、噛み噛みだったりもしましたが、堂々と爽やかに伝えることができるようになった時に、ただのお茶アポから商談に繋げることが少しずつできるようになってきたのです。

このノウハウは「お茶アポから商談に繋げる方法」という無料マニュアルにして弊社ＨＰに載っていますので、もし興味ある方は見てみてください。

そうこうしているうちに、アポの中で牛木が役に立てないな、ＳＡを勧めても役に立てないなと思う人には組めそうな人を紹介したり、相手の見込み客になりそうな人を紹介するようになりました。

他にも交流会情報を求めている人にはおススメの交流会を教えたり、彼女募集中の人に

は合コン好きな友人を紹介したりもしました（笑）
そうすることによって、少しずつ牛木のことを応援してくれる仲間ができ始めたのです。

・志援者作り

自分より年上の経営者の方が「牛木くんみたいな人に成功して欲しい！」と応援してくれたり。

同世代の起業仲間からは「一緒にこれから有名な社長になろうぜ！」と励まし合ったり。

年下の起業家が「牛木さん色々教えてください！」と、慕ってくれたり。

牛木は交流会などでアポをとっても、無理に売り込んだりはしませんでした。

自分がそうされるのが嫌だったので強引な売り込みは一切していません。

この人と組みたいな！応援したいな！と思う人とは何度もあったり、場合によっては人を紹介したりしていました。

そうすると相手も同じように思ってくれていたのでしょう、自分のことを応援してくれる志援者ができ始めたのです。

支援者ではなく、自分の志に共感してくれて応援してくれるという意味で、「志援者」という言葉を作り、商標登録をしています。

そんな仲間たちから見込み客やビジネスで組めそうな人を紹介してもらいました。人を紹介してもらい、その人から、また数人紹介してもらう。

そんな紹介の連鎖が起こるようになり、1日5件前後良いアポが入るようになり、毎月契約が決まるようになりました！

この時はまだテクノロジー化はできていなかったのですが、自分の想いに共感してくれる志援者を作ることに成功していたようです。

サイモンシネック氏のゴールデンサークルという理論はご存知でしょうか？

人は何をやっているかよりも何故やっているかの方が心を動かされる、という話です。

ＷＨＡＴよりもＷＨＹが大切ということです。

多くの営業マンがＷＨＡＴの話、つまりどんな商品なのかという商品説明、商品自慢ばかりします。。

しかし売れている人はＷＨＡＴの前にＷＨＹ、つまり何故この仕事をしているのか？という話をします。

よく例に挙げられるのがアップルです。

アップルのＣＭや宣伝方法はＷＨＹから始まります。

しかし、アップルが普通の企業の様にＷＨＡＴやＨＯＷを話したらどうなるでしょうか？

我々は素晴らしいコンピューターを作っています。美しいデザイン、シンプルな操作法で取り扱いも簡単。１台いかがですか？

なんかどこにでもあるよく聞く話ですね（笑）

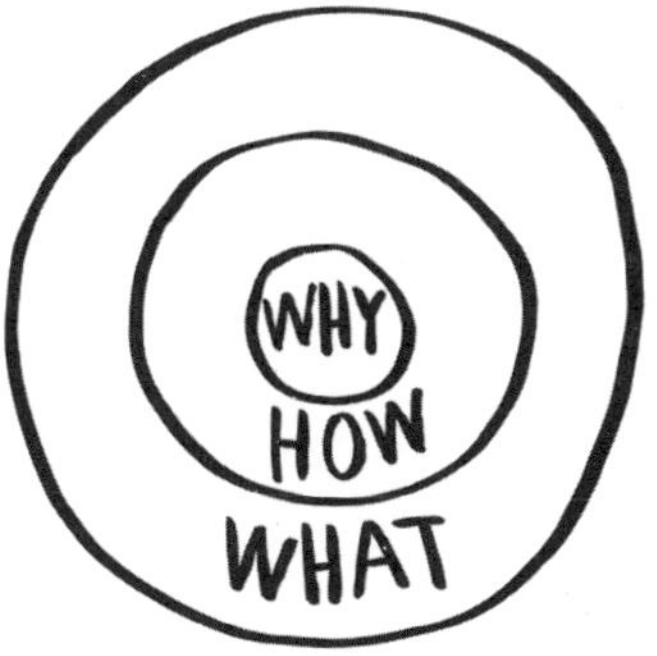

こんなアップルのＣＭは見たことありません。

ではアップルはどうしたか？

我々は世界を変えるために仕事をしています。
新たなことに挑戦し、他社とは違う考え方をすることが重要です。
その為に美しくデザインされ、操作も簡単でシンプルなコンピューターができました。
１ついかがですか？

どうですか？
全然響き方が違うと思いませんか？

何故、この仕事をしているのか？これは志や使命感と言い換えることもできます。
会社で言えば経営理念ですね。
この理念、自分の志に共感してくれる人が、牛木の志援者になりました。
当時から牛木のことを応援してくれる人たちは、牛木が扱っているＳＡプログラムが良いから紹介や応援をしてくれるわけではありませんでした。

もちろん牛木が売っているＳＡプログラムも好きだけど、それ以上に牛木の考え方や想いを気に入ってくれる人たちだったのです。

整備士から起業して人生を変えようと頑張っている。

熱くてまっすぐで周りの仲間を大切にする。

でもドジなところやおっちょこちょいなところやツッコミどころもある。

そんな牛木自身を応援したいと思ってくれていたようです。

そうして、どん底状態から抜け出し、少しずつ成果が出るようになりました。

どん底から抜け出すために、牛木は具体的に何を変えたか？

交流会で会った人に売り込むのをやめて、何か貢献できることないかを考えるようになりました。交流会情報をシェアすることもありますし、会いたい業種の人がいたら紹介するようになりました。これは後に書く異業種交流組織に入ったからこそできたことでした。

そうすると会った人に喜ばれて、逆に紹介をもらえるようになりました。紹介されてあったとしても自分の見込み客にならないことはたくさんありました。

だとしても、またこの人に何か役に立てないか、誰かマッチングする人を紹介できないか?と考えたのです。

こうやっていくと、時々、自分の見込み客になる人を紹介してもらって契約になったり一緒にビジネスパートナーとなれる人との出会いが出てくるんです。

確率的には3%とか10%くらいでしょうか。

・法則

ここで3％、10％、60％、27％という法則をご紹介します。

これもSAで学んだ法則で、いわゆる「大数の法則」というものです。

人をたくさん集めると3％、10％、60％、27％という4つのグループに分類されます。

例えばビジネスマンや経営者を無作為に100人集めると
3人　成功していて向上心もあって謙虚な人
10人　まあまあうまくいっている人
60人　普通
27人　あまりうまくいっていない

だいたいですが、このように分類されます。

起業家や経営者といったら、みんな向上心があって熱い人ばかりだと牛木は思っていましたが、実際起業して色々な経営者にあってみると、まあ、普通の人が多いですね。

愚痴不平不満ばかり口にする人もいました。

景気や業界の悪口、社員や奥様の悪口。これをみんなで楽しそうに話していて、愛人と旅行に行った話を自慢しあっているような経営者の集まりもありました。
もちろんそこは牛木には合わないな、と思ってそういう集まりにはいかないようにしています。

他にも、純粋に友達作ろうとして100人に会うとどうなるか？
3人　一気に大親友、そのまま飲みに言って朝まで語り合う
10人　結構仲良くなる。来週か再来週飲みに行く。
60人　まあ普通。何かあったら飲みに行きましょう。と言って何も無い（笑）
27人　ちょっとこの人合わないな。

だいたいこのようになるのではないでしょうか？

また、見込み客発見の場合はどうか？

60%	27%
普通	愚痴、不平不満
「また何かあったら」 と言って何もない	話が合わない、嫌い
なかなかアポが決まらない、 商談しても保留になりがち	即お断り、 話を聞く気がない
平均点	赤点

１００人の人と名刺交換すると

３人　あなたのビジネスに超興味あり、すぐお客様になる。もしくは志援者になる。

10人　あなたのビジネスに興味を持つ。話は聞いてくれる。志援者になるかも。

60人　へー、そうなんですね。それでは何かあったらご連絡します。↓何もない

27人　あまり興味がない、もしくは批判してくる可能性も。

という風に分かれます。

牛木はよく名刺交換をして、その後アポをとってカフェでお話することが多かったです。

その時にお互い色々お話をして、自分の想いを伝えていました。

「私は元々整備士で人と話すのが苦手でした。小学校の時

	3%	10%
経営者やビジネスマン	超一流	まあまあそこそこ
友達作り	一瞬で大親友	割と仲良くなる
営業活動	即契約、 即ビジネスパートナー	話は聞いてくれる、 良い関係にはなれる
学校のテスト	100点とか98点	90点とか80点

のいじめがきっかけで人間関係作るのも苦手でした。そんな自分を変えたいと思ってSAプログラムを採用して、営業の仕事をしたら変わることができたのです。まだまだ個人事業主で教材の販売してるだけですが、いつかは自分でセミナーや講演会をしたりコンサルティングをしたりして、全国で活動するような経営者を目指しているんです！

営業で困っていたり、起業家の役に立ちたいと思ってこの仕事をしています。

もしそんな人がいたらご紹介してもらえませんか？」

と話していました。

と、お伝えすると3％の人たちは

「牛木さん、感動しました！私にもそのSAプログラムを採用させてください！」

と言って即決になったり、

「私も同じような経験があります。営業マンを沢山紹介しますよ！」

と言って本当にたくさんの方をご紹介してくれたこともありました。

10％の人たちは

「いいですね！どんなものか見てみたいのですが体験会とかあるんですか？」

と言って体験セミナーに向こうから行きたいと言ってくれたり、

「牛木さんとすごい合いそうな熱い経営者がいるので紹介していいですか？」

と言って次の志援者候補を紹介してくれました。

60％の人たちは
「へー、そうなんですかー、いやあ熱いですね。そういうの好きですよ。何かあったら応援させてください」
と言って何もなくアポが終了。

でもこの時は何も無くても、また数か月後数年後に再会した時にクライアントになってくれたり、人を紹介してくれました。

60％の人たちはその場でビジネスには繋がりませんが、長い目で見ると良い人脈になります。


しかし、多くの営業マンがここで無理に売り込んだりしてしまうんです。

ダメ元精神で営業する気持ちもわからなくはないですが、これでは長期的な人脈ができません。もちろんちょっと売り込むことでこの手の見込み客が顧客になることもあります。

そこの見極めは難しいですが、相手が自分の仕事に興味があり、自分や役に立てる自信がある時は牛木はプッシュするようにしています。

今強引に聞いてもらっても興味持たないだろうと思うときにはプッシュしません。

そしてこの人たちとはたまに連絡を取り合うことがおススメです。

お礼メールをちゃんと送ったり、先方から連絡が来たら返信をきちんとすることです。

多くの営業マンは自分の見込み客にならないとなるとお礼メールもしない、メールが来ても返事をしない。これでは人脈ができません。

彼らとたまに連絡を取り合うことで、今すぐの見込み客ではないけれども、自分を信頼してくれる人脈になってくれます。

これを「貯人」といいます。

私は、起業してからの売れない2年間で貯人に成功することができたようです。

貯人という言葉もSAのトレーナーから教わった言葉です。

27％の人たち

「えー、牛木さん大学も出てないのにセミナーして誰が聞きに来るの？お金取っていいの？」

とひどい言葉をかけてくる人もいました。

今では整備士から起業して営業日本一になった、というのがブランディングになっていますのでそんなことは言われないのですが、当時は傷つきましたね。

やはり大学に行かないといけないのか？と真剣に悩んだこともあります。

全ての人に好かれようとしないことです。

27％の中には、そういうひどいことを言う残念な人もいますが、業種的に相性が悪いとかタイミングが合わない場合もあります。

ですので、27％＝嫌な人という意味ではありません。


ここで印象的な牛木にとっての27％だった人とのエピソードを紹介します。


紹介でお会いした40代くらいの営業マン。

感じのいい人だったのですが、自分の想いと過去にバイクに乗っていた不良時代のことを話すと雰囲気が突然変わりました。

男性「牛木さん、不良をしながらバイクに乗ってたって言いましたね。改造とかもしてたんですか？うるさいマフラーに変えたりしてたんですか？」

牛木「え?ああ、まあしていましたね。ノーマルだといい音でなかったんで」

男性「ふざけるな!それでどれだけ迷惑がかかってるのかわかってるのか?

ウチの娘は今受験勉強しているんだ!それなのに近所に暴走族が走っていて勉強に集中できないっていってるんだぞ!わかってるのか!?」


と、いきなりブチ切れられたんです。

牛木「え?ああ、それはすみません」
と言いながらも、俺じゃないしな。と思ったのですが怒りがすごかったのでひたすら謝罪しました。

もちろん、その後は何も発展しません。

怒られて「完了」です。

当時は「何で俺が怒られないといけないんだ!」とこっちも腹が立ってましたが、冷静に考えると良いお父さんだったんだと思います。

娘さんのことをそこまで思うのは素晴らしいですよね。

牛木も若かりし日に周りの人に迷惑をかけたんだから仕方ないなと受け止めました。

牛木のビジネスだけ考えると27％かもしれませんが、そこまで悪い人ではありません。

たまたま牛木がバイク乗っていて、たまたま娘さんが受験勉強中に暴走族がうるさいというだけの話です。

そうやって色々な出会いを重ねながら自分にとっての３％や10％の人たちとの人脈作りができました。

当時はゴールデンサークルの話も知らなかったので、途中で大失敗をしてから、人とのかかわり方と変えました。

それが肩書や収入ではなくて、価値観や想いを共感できる人と繋がっていこうと思うようになったきっかけです。

・イソップ寓話から学ぶゴールデンサークル

先程お話したゴールデンサークルについて、違った角度から見て行きたいと思います。

イソップ寓話の3人のレンガ職人という話をご存知でしょうか？

実はこの話もゴールデンサークルのＷＨＹの重要性を説いているのです。

旅人が歩いていると3人のレンガ職人に出会います。

歩いていくと1人目のレンガ職人と出会います

旅人が「何をしてるんですか？」

と聞くと1人目の職人は

「何って見ればわかるだろ。レンガを積んでるんだよ。朝から晩まで暑い日も寒い日もレンガを積んでるんだ。腰は痛くなるし手もボロボロだよ。

なんで俺だけこんな仕事しないといけないんだろう。他にはもっと楽な仕事している人がいるのに」

旅人は「頑張ってください」と声をかけて歩き続けた。

もう少し歩いていくとまたレンガを積んでいる２人目の職人とであった。

一所懸命積んでいて、先ほどの職人みたいに辛そうではなかった。

旅人は尋ねた「ここでいったい何をしてるんですか？」

「俺はね、ここで大きな壁を作ってるんだよ。これが俺の仕事なんだ！」

旅人は「大変ですね。」と言います。

するとレンガ職人は「そんなことないよ！この仕事のおかげで俺は家族を養っていけてるんだ。

ここらで家族を養っていける仕事を見つけるのは大変なんだ！

この仕事のおかげで俺たち家族が食っていけてるんだ。
大変なんて言ったらばちが当たるよ！」
と楽しそうに答えた。

旅人は
「そうですか、では頑張ってください！」

と言って歩き続けた。

すると3人目のレンガ職人がイキイキとレンガを積んでいる。
旅人が「何をしてるんですか？」
と聞くと旅人は答えた。

「ああ、俺たちのことかい？俺たちは歴史に残る偉大な大聖堂を造ってるんだ！」

旅人は「それは大変ですね。」
と声をかけた。

すると職人は
「とんでもない！ここで多くの人が祝福を受け、悲しみを払うんだ！
素晴らしい仕事をしてるんだよ！」
と答えた。

旅人はその男にお礼の言葉をかけて元気に歩いて行った。

さあ、どうでしょうか？
３人ともやっていること（ＷＨＡＴ）はレンガを積んでることです。

どのようにやっているか（ＨＯＷ）は、１人目はいやいや辛そうに、２人目と３人目は
楽しそうに仕事をしていましたね。

何の為にやっているか（ＷＨＹ）はどうでしょうか？
１人目は仕事の為、２人目は家族の為、３人目は国の人たちの為です。

もしあなたが応援するとしたら何番目でしょうか？

もちろん3番目ですね。
2番目も悪くはないですが3番目の人には勝てませんね。
皆さんの会社に1番目の職人のように仕事をしている人もいるのではないでしょうか？
これではやりがいも使命感もわきません。

こんな風に、やっている仕事が同じだとしても、やり方（ＨＯＷ）や何の為に（ＷＨＹ）が違うだけでこれほどまで変わるんです。

世の中の営業マンは売っているものは一緒でも成績は全く違いますね。
同じような商品を売っていても、ある人は年収3000万もあり、ある人は年収200万で何とか生活している、なんてことはフルコミ営業の世界ではよく見る光景です。

いきなり世の為人の為の使命感や志を持つのは難しいかもしれません。
だとしたら自分の未来の為や成長の為に仕事を頑張るのも良いでしょう。
整備士時代の牛木がそうでした。
家族がいるのであれば家族の為に仕事を頑張るのも良いでしょう。
そんなあなたを応援してくれる人が出てくるはずです。

・牛木の失敗例

さて、先ほど触れた、牛木の大きな失敗例はどういうものかというと、肩書や実績だけで紹介し合う関係を作ろうとして失敗しました。

あれは起業して1年経つか経たないかの頃でした。
ある交流会で外資系生命保険会社の「ＣＯＴ」の方と会いました。
ＭＤＲＴは知っていましたが、ＣＯＴというのはその時初めて知りました。

※ＭＤＲＴというのがミリオンダラーラウンドテーブルの略でだいたい年収１０００万くらい稼いでいる生保営業の称号で、ＣＯＴはＭＤＲＴの3倍稼いでいる人の称号です。

そのＣＯＴの人の実績を聞いて、すげー!!!と思いました。

するとそのＣＯＴの方が
ＣＯＴ「牛木さん、そういう仕事してるんなら
　ウチの売れてない後輩紹介してあげますよ。」

牛木「え！まじっすか⁉」

ＣＯＴ「その代わり保険に入ってね。月１万くらいは出せる？」

牛木「わ、わかりました！」

月１万くらいだったら広告費だと思って何とかしよう！と思ったことが悪夢の始まりでした。

月々１万円くらいのドルＲＩという商品に入ったのですが、相手からは一向に紹介の連絡が来ない。

あれ？おかしいな。

電話してみよう。

牛木「○○さん、そろそろ後輩の方をご紹介頂けませんか？」

ＣＯＴ「ああ、こんど紹介しますよ。

それよりも牛木さん保険に入ってくれたんだから

お友達紹介してくださいよ。気に入ったから入ったんでしょ?」

牛木「え、いや、あの、はい、わかりました。」

釈然としなかったですが、流石にこちらから紹介すれば、紹介をもらえるだろうと思い、交流会で知り合った方を何人か紹介しました。

するとみんな保険の契約になったそうです!

流石はCOTですよね。

早速連絡してみると、

COT「牛木さん、紹介してもらった人、契約しましたよ。また紹介してくださいね!」

と嬉しそうに言われましたので、

牛木「あのー、そろそろ俺にも紹介を…」

と切り出すと

COT「ああ、わかりました。後輩何人か紹介しますよ。」

面倒くさそうにしながらも、ようやく、後輩の方を紹介してもらい、アポがとれました!

アポの当日、喫茶店に着いて会ってみると、相手は腕を組んでふんぞり返ってました。
なんだこの態度は、と思いつつも挨拶。
そして名刺交換すると
後輩「先輩からの紹介なので約束通り30分は話を聞きます。でも私はやらないですからね。それでいいならどうぞ。さあ、プレゼンしてクロージングしてみてください。」

と、言われたんです!!!
これはキツイですよね（笑）

心の中で
「えーーー!!なんだこの人!!この紹介ひどい!!」
と、思いながらもダメ元でプレゼン。

もちろん撃沈。こんなような紹介アポが2，３件続きました。

これはいくらなんでも！と思い、ＣＯＴに電話しました。
牛木「あのー、紹介されてもみんなやらないって言うんですが」

COT「いやいや、ちゃんと話を30分聞いてくれたんでしょ？
あとは牛木さんの腕次第じゃないですか。
私は約束守ってますよ。
そろそろ牛木さんからも紹介してもらわないと。」
と、ちょっと逆切れ気味に言われました。

この人は信頼できないと思い、その後はあまり会ったりはしないようになりました。

当時はお金もなかったので保険料が払えない時もありました。
そんなとき、メールのやりとりで、今金銭的に厳しくて払えないことを伝えると。
払ってもらわないと困るという文章と振込先が送られてきました。

その対応を見て、この人は自分を応援してくれたりする人では無いと思い、加入から2年経ったところで解約しました。

※2年以内に解約すると保険営業マンにペナルティがあるのを知ってたのでそんな相手だけど一応2年は続けました。

この件から学んだことは、
肩書とか紹介がもらえそうだというだけで組むと、あまり良い結果にはならないということです。

これは牛木も悪かったと今では思います。
うまい話、儲かる話に飛びついたのも同然です。
良い授業料でした。

・相手を信頼して応援したいか？
・価値観や志が近いか？
・相手も自分を応援してくれているか？

損得勘定よりも情を大切にするというのは、このことになります。もちろん、紹介し合う相手の業種や人脈は重要です。それ以上に重要なのが想いや価値観、友情で結ばれた志援者なのか？
ということです。お互いに応援し合いたい関係になり、そしてお互いの見込み客を紹介し合える。これが理想の志援者作りになります。それからは自分が相手を応援したい！と思える人とだけ深く繋がるようになりました。そうして紹介でアポが埋まり、徐々に成果ができてきました。

・牛木の志援者たち

起業して2年経った頃には、それなりの数の志援者ができていました。

そんな中に、起業した直後から仲良くしている年の近い経営者がいました。同級生３人で福岡から東京に出て来て、ジャパニーズドリームを掴むんだ！という熱い３人組でした。

彼らとは一緒にお花見をやったり、彼らのホームパーティーに行ってお手伝いしたりと、たくさんの仲間を一緒に作りました。

その経験からセミナーや交流会に紹介だけで30人以上集めるノウハウを身に着けたのです。

あとで知ったのですが、ＷＥＢで広告出したりしないで、個人が口コミと紹介だけでセミナーに30人集めるとか、飲み会に１００人集めるって頭おかしいくらいすごいことだったようです。

当時の我々の仲間内では当たり前だったのですが、それが他の起業家や営業マンからは何十万払ってでも教えてほしいノウハウだったようなのです。

相手が興味を持つイベントの題名作り。
行きたくなるような文章、改行の仕方、写真を一緒に載せる。
送っても来てくれるのは10人に1人か2人だから、集客したい数の5倍から10倍にはメールやメッセージを送る。来ない人がいたとしても自分が嫌いなわけじゃないから気にしない。
１００％コピペの文章だとスルーされるから、冒頭の1行2行だけでもその人向けにする。
そんなノウハウをイベント誘ったり誘われたりしながら身に着けてきました。

集客のセミナーやライティングのセミナーを受けたときに、自分がやっていたことがマーケティング理論上も正しかったと気づくことができました。

セミナーや飲み会を開く人は参考にしてください。

牛木から彼らに沢山の人を紹介しましたし、逆に紹介も沢山頂きました。

彼らの会社のフルコミ営業マン10名弱に、牛木からＳＡプログラムを購入してもらうことになりました。

他にも学生時代に不良だったということで仲良くなった起業家もいました。

不良からプロのキックボクサーとして活躍し、その後起業した熱い漢です。

高校時代は喧嘩して補導されたり、バイクを盗んで走ったりと牛木を遥かに超える本物の不良でした。

その後、強くなりたいということでプロのキックボクシング選手になり大活躍して引退して、ビジネスの世界に入ってきました。

牛木と会ってすぐに意気投合しました。

ちょうど彼が持っているバイクを売ろうとしている時だったので、元バイク買取専門店だからこその、高く売る必殺技を教えたところ、相場よりとても高い金額で売ることができて喜んでもらえました。

これもある意味相手の役に立つ貢献ですね。

彼とは一緒にランチ会を主催したりしながらお互いの人脈を広めました。

彼は今では武士道教育の会社を経営していて、武士道や中国古典の専門家として企業研修やセミナーを開催しています。

牛木の話す武士道や古典は彼から学んだものが多いのです。

そんな風にして、仲間も少しずつ増えてきて起業してから2年が経ち、このまま順調にいくかと思った時にアクシデントが起こりました。

SAプログラムで分割払いの契約ができなくなるという事件が起きたのです。

そこそこの金額になるので当時の牛木のお客様のほとんどの人は現金一括よりは分割払いで月々1万円という形で契約していました。

牛木自身もそうやって買いましたし、当時の牛木の周りは若くてあまりお金に余裕がない人がばかりでしたので、分割払いのお客様が多かったです。

当時はSAフランチャイズの全盛期で、異業種交流会に行けばSAの営業が必ずいました。

2019年現在の異業種交流会に行って外資系生保の方と出会うのと同じくらいの確率でいました。

それだけ人数が多いと良くない販売をする人も出てくるようで、信販会社を使った分割払いができなくなってしまったのです。

しかも、当時牛木は妻との結婚式を控えていて、その1か月前に、この事件が起きたために、この先どうなるんだろうという不安に襲われました。

現金で買える人もいるから見込み客層を上げよう！

クレジットカード払いもできるようになったので、カード払いがあれば何とかなるかもしれない！

そう思ってＳＡの販売を続けましたが、そこで辞めてしまうＦＣ仲間も多かったです。

「ＳＡプログラムの販売だけをしていたけど、これからは自分でセミナーをしたり、コンサルティングをしなければ厳しいな。ということは、これはチャンスだ！」

と思いセミナーを毎月数本開催し、月々数千円で参加できるという会員組織を作りました。

その会員システムが少しずつ伸びて安定した収入になってくれました。

コンサルティングも最初は1万円でスタートして、クライアントからは「こんなに安くていいの?それじゃあ悪いから誰か紹介するよ!」と言われて紹介も増え続けました。

自己啓発のセミナーもあれば、コンサルティングをしている同業他社がある中、SAプログラムという教材だけだと、どうしても太刀打ちできない見込み客もいました。

でも自分でセミナーやコンサルティングをすることによって武器が増えました。見込み客の幅も広がりましたし、紹介も受けやすくなりました。

ここでのポイントは「逆境で新しいアイデアが生まれる」ということです。

分割払い使えるままでSAプログラムの販売だけをしていたとしたら、セミナーやコンサルティングはしなかったでしょう。

紹介する相手からしても教材の販売だけをしている人に紹介するよりも、セミナーやコンサルをしている人の方が紹介しやすいようです。

この頃から更に志援者が増えてきました！

そんなときに、営業代行会社を経営しているNさんという30代の男性と意気投合しました。様々な営業でトップを獲り、その営業ノウハウで困っている中小企業を救いたいという、熱い想いを持った経営者でした。

SAプログラムのパンフレットを見せると

「これ、私がやってた営業ノウハウそのものですよ！
私もこんな風にノウハウまとめて広めたいと思ってたんです！
もう既にあるなら一緒に組みましょう！」

という言葉を頂き、月に1度一緒に勉強会を始めることになりました。

当時は経営者のクライアントは少なかったのですが、この勉強会を機に年上の経営者のクライアントが増えてきました。

その後、Nさんはテレアポ代行に特化して、大学生をアルバイトで雇うようになりました。その学生アルバイトに、テレアポのコツとか営業メンタルなどを、牛木が教えるようになりました。

するとその後に面白いことが起こりました。

テレアポのアルバイトをした大学生が新入社員になり、会社でテレアポをするんです。

他の新入社員は御社と弊社の違いが分からない、敬語が使えない、ダイヤル式の電話の使い方がわからない、断られると落ち込む。

そんな中、テレアポバイトした学生は

「もしもし、○○さんですか?」といった形でドンドン電話をする。

断られても気にせずガンガンかけてアポを獲る。

上司もびっくりだったようです(笑)

そして新人賞を獲ってNさんにお礼&営業に来たアルバイトもいたそうで、Nさんは喜んで契約したそうです。

学生バイトからは「あそこでバイトすると会社に入ってから営業でトップ獲れる!」という噂も広がり、Nさんの会社は50名以上のテレアポスタッフを抱える会社に成長しました。

そしてNさんの紹介で更に年上の40代経営者の仲間ができました。

１００人マーケティングというコンサルティングをしているKさんという経営者です。自分らしく生きて自分の想いに共感する支援者を作るという内容なのですが、会ってお話をしたら、Kさんがコンサルティングで作りたかった状態を牛木が今作りつつあるということでした。

ここにも、牛木の想いに共感してくれる仲間がいました。まだまだ成功には遠いですが、少しずつ成長している姿が、Kさんが理想としているものだったそうです。

一緒にお酒も飲んだりしながら意気投合して、一緒にセミナーを開催したり、ランチ会を一緒にやったり、お互いの人脈を紹介しあいました。

牛木もKさんが主催している2日間のセミナーを受けて、「俺はこの生き方でいいんだ！カッコイイ大人というのは自分の一番大事な価値観なんだ！」ということに気づきました。その後会社名がカッコイイ大人になったのはKさんのセミナーのおかげですね。

前に書いた武士道教育をしている友人からの紹介で、スピリチュアルや健康関係のビジネスをしている50代のご夫婦をご紹介してもらいました。

正直、牛木の得意分野ではなかったので最初は意味ないアポになるかなーと思いながらもお会いしました。

威厳とオーラのあるご主人とビックリするくらい綺麗な奥様でした。

あの頃は美魔女という言葉はなかったですが、美魔女という言葉を初めて聞いたときにOさんの奥様を思い出したほどです。

Oさんがやっているビジネスの内容を聞いて、牛木がやっているプレゼンやセールスの研修の話をしたらめちゃくちゃ気に入ってくれて、ぜひそれを教えてほしい！

ということで即SAプログラムを採用して頂き、一緒に研修もすることになりました。

今までの牛木のクライアントは20代～40代の男性営業マンや経営者ばかりでしたが、Oさんのご紹介で女性のクライアントが一気に増えました！

そして最も大きな出会いは22歳で起業している若者との出会いでした。

牛木が当時27歳くらい、SAの分割払いが使えなくなってすぐのころでした。

Tくんという男性で、彼は早稲田大学を卒業して就職せずに自分のビジネスを始めましたが、それがうまくいかずにアルバイトを３つ掛け持ちしながら頑張ってました！

「今はお金がないんですが色々教えてほしいです！」

ということで月々３，０００円のセミナー会員になってくれて、すべてのセミナーに参加してくれました。

彼と会いそうな牛木の起業仲間（先ほど書いた福岡から出てきた３人組）を紹介したら意気投合して、彼らと一緒に働くことになりました。

そこからＴくんの快進撃が始まりました。

営業でガンガン成果を上げ、「お金ができたからＳＡプログラムを買わせてください！」と言って契約をしてくれて、周りの仲間をたくさん紹介してくれました。

個別の紹介ではらちが明かない！ということで彼の友人を５人から10人集めて牛木がセミナーを毎月するようにもなりました。

そんなこんなで、がむしゃらに努力をしてきて気が付いたら起業して４年が経ち、売り上げも安定してきました。

起業した時は「いつかは月に100万稼ぎたい！」と思って頑張ってましたが、この頃は毎月100万以上稼げるようになり、研修のオファーも来るようになりました。

紹介しあっている起業家や個人事業主の間ではそこそこ有名にもなってきました。

協力してくれる強力な志援者たちも増え、彼らと一緒にセミナーをしたり交流会を主催すればするほどクライアントが増えました。

もちろん牛木のビジネスだけでなく、彼らのビジネスも伸びるよう牛木からも貢献しました。

この状態だったらSAの中でもトップを目指せるような気がしてきたのです。

・営業日本一への挑戦

その当時、ＳＡのフランチャイズは全国に60社くらいあり、大阪にあるフランチャイズがダントツ№１でした。

２００８年に牛木がＳＡの代理店を始めたときからずっとＴＯＰなのが、その大阪のフランチャイズでした。

そろそろＳＡのトップを目指せるかもしれない、と思っている時に牛木に例のＴくんから一緒に働きたいという話がありました。彼はＳＡを採用してフルコミ営業でトップセールスになり、めちゃくちゃ成果が出ていました。

「自分が変わったきっかけのＳＡを広めてＳＡでトップセールスになりたいんです！そして牛木さんにフランチャイズでトップになってもらい恩返しがしたいんです！」

という有難い言葉をもらい、２０１３年から彼がウチの営業マンとなりました。

元々周りの仲間を紹介してもらってたので、彼はすごい勢いで売りました！他の牛木の仲間も完全応援モードになり、今まで採用を迷っていた人も、このタイミングで契約してくれました。そして全力で売りまくった結果、２０１３年は92セット販売という圧倒的な数字で全国トップになりました。

本当に仲間の応援があったからこその結果で嬉しかったです。牛木の力だけでは到底できない数字でした。

起業して全くうまくいかず、借金だらけになりアルバイト生活。自分がやってることが正しいのだろうか？真っ暗な出口のないトンネルを進んでいるような起業人生でした。

そんな中で、ＳＡでの学び、それ以外にもたくさんの本を読んだりセミナーを受けたり成功者の話を聞きました。

頑張っても頑張ってもうまくいかない。

そんな時に少しずつ成果で出て、ようやくＳＡのフランチャイズのナンバーワンになって、これまでの苦労が報われた気がしました。

そして、Ｔくんは個人営業としてダントツのトップセールスとなり、自分でＳＡのフランチャイズとして独立することになりました。

周りからは「牛木さんのフランチャイズで営業していたのに独立していいのか？」という言葉もあったのですが、自分の数字の保身の為に、彼の独立の邪魔はしたくないという想いで快く独立してもらいました。

これは宇宙の原則とも言われているのですが、手放すと新しいものが入ってくるようです。

多くの人が何かを手放すことを恐れます。

両手に荷物を抱えたまま、新たなものを手に入れることはできないですよね？

その通りになりました。結果や肩書の凄さをこの時に感じたのです。

営業の相談やセミナーで全く同じことを言ってたとしても、日本一を獲る前と後では相手の反応が全然違いました！

昔、的確なアドバイスをしたとしても受け止めてもらえなかったのが、結果を出した後はみんな聞いてくれるんです。

正直嬉しさ半分、がっかり半分な気持ちでした。
結局、良い話をするよりもすごい人が話せばそれに響くのか。

知り合いでも手のひらを反すような反応をする人たちもいました。
以前に感じ悪かった人が
「イヤー牛木さんはやる人だと思ってましたよ」とか言ってきます。
正直、そこまで嬉しい気持ちにはなりませんね。
そしてそういう人はまた周りからいなくなるのも早かったです。

売れる前から応援してくれていた仲間と、そうなってからも仲良くしていました。

その時に直面しないといけないことがあったのです。

ＳＡプログラムで牛木は変わったし成果も出たし多くのクライアントも成功した。

ただ、変わらなかった人の方が多かったんです。

理由は明白で、教材を買っただけでやっていないんです。

ＣＤも聞いてない、内容を自分事として考えていない、セミナーに来ない。


日本一を獲るために付き合いで買ってくれた人もいましたが、それは王道ではなかったのです。

もちろんＳＡの内容は大好きだし、今でも大体の営業やコミュニケーションの本やセミナーで伝えてることは、ＳＡに全て入っています。


でもどんな良いものでも使わなかったら意味がない。

どうしたらいいんだろう？という想いで独自のセミナーを開発したり、コンサルをしていました。

営業で日本一になるという自分事の夢は叶いました。

ただその頃には、自分が良くなりたいというだけでなく、営業や起業で困っている人を1人でも救いたいという志に少しずつ進化していったのです。

その時のクライアントや相談に来る人の悩みのほとんどが、「見込み客発見ができない、紹介がもらえない」というものだったのです。

それは牛木が起業して1年間悩み苦しんだことと一緒でした。

起業した事業主や経営者、フルコミ営業マンの悩みもそれでした。

営業スキル、マインド、コミュニケーションにも、もちろん彼らにとっての伸びしろはあるのですが、真っ先に考えないといけないことが見込み客発見や良い紹介をもらうことや仕組みつくりなのです。

なんてことだ！自分が今までやってきたことじゃないか!!

確かにそれを教えている会社は聞いたことがない。
自分を応援してくれる支援者を作り、彼らからの紹介を仕組み化する。
そのノウハウを伝えることができれば彼らの役に立つんじゃないか？
それをできるのは牛木だけじゃないか？

紹介の仕組みつくりをベースに、そこからＳＡで学んだセールスや紹介依頼の仕方。応援されるためのコミュニケーション。
これがそろえば完璧だ！と思い、自分のやってきたことを振り返ってメソッドを作りました。

ちょうどその時に友人の経営者から
「交流会とかセミナーをしてきたい。牛木さんの紹介のノウハウ教えてよ！」
と言われたので無料で教えて手伝ったところ、すぐに成功しました！

これだ！と確信して自分のノウハウを時間をかけてまとめました。

自分の一番の得意分野は何なのか？

営業でルートセールスや飛びこみ営業、テレアポもしたけどその分野にはもっとすごい専門家がいる。

牛木がやってきたことは人脈０のただの整備士上がりの男が、自分を応援してくれる志援者を作り、彼らの紹介で売上を上げることでした。


そこで従来のセールスノウハウだけでなく、マーケティング理論に基づいた紹介営業のコツをまとめて研修にしました。

その名も「紹介営業専門学校®」

２０１７年にスタートしました。


人脈０から整備士だった牛木が自分の応援団を作ったノウハウ。

ただのお茶アポから商談に繋げる方法や紹介依頼の仕方。

応援される自分になる為の普段のコミュニケーション。


２日間の研修とその後のフォロー。

そして更に自分を磨きたい人にはＳＡも採用してもらう。

今でも大好きなＳＡは販売しています。

紹介営業学校をスタートしたら多くの人に受講してもらって、すぐに成果を出しました。

起業家や経営者だけでなく、外資系生保のフルコミ営業マン、不動産の営業マン、そして最近は士業のクライアントも増えています。

起業してから売れない日々が続きましたが、初期から応援してくれた志援者の方には本当に感謝をしています。

そして一番感謝しているのが売れない時代から結婚してくれて、今では弊社の取締役として大活躍している妻の江崎愛です。

本名は牛木愛ですが、ビジネス上は旧姓で活動しています。

・妻との出会い

妻と会ったのは起業して1年経たない頃ですね。

牛木がSAの品川のフランチャイズで、妻は埼玉のフランチャイズの営業でした。

妻は元々100万円のダイヤモンドを2時間で即決で売るという物凄い営業会社にいました。

昔の超体育会営業会社あるあるなのですが、受話器と手をガムテープでぐるぐる巻きにされる。

会社がどれだけ経費をかけているか実感させるために、時には小銭とテレフォンカードを大量に持って公衆電話で電話をする。

売れないと灰皿が飛んで来たり、女性上司からハイヒールでキックされる。

休みの日の前日になると「明日、アポ数足りないからみんな出勤するんだけど。もちろん強制じゃないんだけどどうする?」と言われたり(笑)

今で言う完全ブラック企業ですね。

ただ営業の方法と売っているものは確かだったそうです。
色恋営業でもなく、嘘をついて売るような悪徳業者ではありません。
20代の独身男性のリストを渡されそこに電話をかけます。
今ではそんなリストはありませんが15年以上前にはあったんですね。
そこで「宝石の展示会があるので来ませんか？」
と言って来てもらいます。
来てくれた人に2時間ほどダイヤモンドのプレゼンをして買ってもらいます。
顧客の男性は結婚を考えてる人ではありません。
普通は買わないですよね。
それを約2時間で即決させるという超スゴイ営業会社でした。

そこで彼女はトップセールスになり、営業の教育に興味を持ってSAの販売代理店に入社したようです。

牛木が彼女に出会うきっかけは、フランチャイズが集まるミーティングや代表の桑原正守の講演会で会う機会があり、仲良くなりました。

牛木の方からすぐに好きになりアプローチしました！

ところがその当時、彼女は茨城県の水戸に住んでいて、同棲している彼氏がいたんです！

ガビーン!!ショック!!と思いながら話を聞いていると、その彼氏はパチンコやってばかりで夜はキャバクラばかり、同棲しているのに家にお金は入れないというダメ男くんだったようなのです。でも付き合って4年も経って別れることができないという話でした。

好きなのか？と聞くと好きな気持ちはもうなくなっていて、別れてくれないから仕方なく付き合ってるということでした。

ハア??意味が分からない！

好きだったら付き合って同棲して結婚すればいいけど、好きじゃないなら別れればいいじゃないか!?

結婚していたら離婚の手続きとか大変だけど、付き合ってるだけならいつでも別れられるのに！

自分の人生なのに諦めて好きでもない男に縛られるのはもったいない！ということを伝えました。

自分と付き合ってほしいから言ってるのではなくて、本当に、彼女の人生がもったいないという気持ちでした。

そんなことを言い続けているうちに、ついにその男とは別れる決心がついて、東京で一緒に活動しようという話になりました。

覚悟が決まった女性の動きはすごいですね！

男が会社に行ってる間に、カギを変えて追い出したそうです。

そうしたらまた大変なことに…その男がストーカーになって、家で待ち伏せするようになってしまいました！

警察に行っても動いてくれないということで、妻の友人のつてで、ストーカー男の先輩に頼んでやめてもらうようになりました。

牛木にも何度も電話がかかってきて、電話で喧嘩もしました。

最初は訴えるとか言ってたのですが、牛木が弁護士に相談したところ、彼が牛木を訴えることはできない。逆に牛木に夜中に100回以上電話が来ていたり、脅迫もされたので牛木から彼を訴えることができるとアドバイスされました。

その内容をその男に伝えると、そこから嫌がらせ電話はぴたっと止まりました。

これで一件落着。あとは妻が2か月後に水戸から東京に引っ越すという段取りでした。

そこで、水戸の妻の家に遊びに行って手料理を食べさせてもらってました。

その時に妻の携帯がなりました。

「元彼が新しい彼氏が来てるなら2人とも殺しにいくって言ってる!」

という妻の友人からの電話でした。

さすがに殺されはしないと思いましたが、その友人から逃げた方がいいという話もあり、夜中に車で遠くに移動し、朝方電車に乗って二人で東京に向かいました。

まるで駆け落ちをしているような感じでした。


それから東京で二人で暮らし始め、妻は埼玉のフランチャイズからウチに移ることになりました。

通常は移籍はできないルールなのですが、快く移籍させてもらった埼玉のＦＣオーナーには今でも感謝しています。


当時は全然お金が無い時で、２人で生活するのはとても厳しかったです。

お金のことで喧嘩になることもありました。

でも二人で夢に向かって毎日頑張っているという、素晴らしい日々だったと思います。

休日は、当時住んでいた西小山の業務スーパーで安い肉と安いビールと安い酎ハイを買って、家で飲みながら楽しく過ごしました。

お金は無かったけど幸せを感じました。


そして、元々彼女の方がスーパー営業マンだったので、一緒にロープレをしたり、プレゼンのフィードバックをしたりもしました、彼女は牛木の営業の先生でもあったのです。

その後、プロポーズをし、お台場のグランパシフィック・ル・台場で結婚式を挙げました。

前にも書いたように、ちょうどＳＡの分割払いが使えなくなったのがこの頃でした。

この結婚式から人脈が変わってきたような気がします。

貧乏時代から支えてくれて、今は弊社取締役として大活躍している妻には本当に感謝しています。

今では【１００万円のダイヤモンドを会って2時間で売る究極の営業術】という研修を弊社でやっており、大人気トレーナーとなっています。

第3章

世界最大の異業種交流組織との出会い

・御茶ノ水で初めての立ち上げ参加

牛木の起業人生を語るうえで外すことができないのが世界最大と言われている、ある異業種交流組織です。

毎週集まって自分のプレゼンをして、メンバーに仕事や見込み客の紹介をしようという主旨を持った会員制組織なのです。

２００８年の夏、起業して数か月の時に、この組織のメンバーとなりました。

当時の牛木は全く人脈も無いし、まともなビジネス経験もない状態でした。

メールのｃｃとかｂｃｃも知らない。

メールの最後によく書く「何卒よろしくおねがいします」を見て、「なにそつおねがいしますってどういう意味？俺は専門学校卒ですけど？」と聞いていたレベルです（笑）

やっぱり整備士あがりの25歳で、まだまだいっぱしのビジネスマンではありませんでした。

経営者の集まりなので今ではそんな状態の人が入れる会ではないのですが、当時はまだ日本上陸して数年、吉祥寺1つ、渋谷に2つしか会が無い時代でしたのでそんな牛木にも声がかかりました。

お茶の水で新しい会の立ち上げに誘われたのです。

「与えるものが与えられる」という理念に共感して、すぐに加入を決めました。

その後、半年かかって、その会が立ち上がりました。

当時は20人いないと新しい会の立ち上げはできなかったのですが、特別に15名で立ち上げさせてもらうことになりました。


毎週、色々な業種の方と会って話して、とても刺激になりました。

何よりも整備士だった牛木には、弁護士や税理士、ＦＰという方々お話できたり、ＷＥＢやコンサルティングなどといった、未知の事業主とお話できるのがとても勉強になりました。


当時は25歳だったのでダントツ最年少。

40代とか50代の人も多くて、20代はほぼいませんでした。

毎週、誰かに誰かを紹介しあうという仕組みだったのですが、当時の牛木は人脈0だったので、これがなかなか難しかったことを覚えています。

紹介以外にも新規の人を交流会に招待することも推奨していたので、最初はそっちに力を入れていました。

その時はひたすら交流会に行って、人と会ってを繰り返していたので、会って自分の見込み客にならないと思ったら、その交流会に招待していました。

もちろん、その交流会のメンバーとマッチングするような人がいれば紹介したりもしました。

たくさん人を招待したということで表彰されることもありました。

その交流会は、朝の6時半に集合しないといけないので、週に1回とはいえ朝5時に起きるのは大変でした。最初のうちは寝坊して怒られたりもしていました。

最年少でビジネス経験も売り上げもダントツ下だったのですが、それもあってか、同じ会のメンバーにはとても良くしてもらいました。

牛木のこれからの営業活動のアドバイスを誰よりも親身にしてくれて、今でもお世話になっている某生命保険会社のS所長には、今でも夫婦ともどもお世話になっています。

その交流組織からの初めてのクライアントになってくれた社会保険労務士のYさん。彼がいなかったら1年で辞めてたと思います。

最初の1年ではYさんがお客様になってくれた以外に、売り上げはほとんどなかったのですが、色々な学びがありました。

今では大企業向けにマーケティングコンサルをしている経営者が、起業したての牛木に分かりやすくマーケティングを教えてくれたりもしました。

白金台でファッションスタイリストの会社を経営しているNさんとの出会いもここでした。

Nさんのプレゼンテーション力、人を巻き込む力、これが何よりも勉強になりました。今でも兄貴のような存在として、とてもお世話になっています。

そしてコインパーキング会社のFさんとは顧客でもあり大好きな飲み仲間でもあり、今でも一緒に仕事をすることがあります。

・新宿での新たな立ち上げ

その後、東日本の大震災の影響で自粛モードが進み、多くのメンバーが辞めてしまいました。

牛木が参加していた会は、一時期25人まで増えたのが13人まで減ってしまいました。その中でも本当にやる気があるのは7名だけだったのです。

そこでお茶の水の会は解散となり、牛木が中心となって7名で場所を新宿に移し、新しい会の立ち上げをしました!

不死鳥の様によみがえるんだ!という想いで「フェニックス」という名前を牛木が付けました。

実はみんなには伝えていない裏メッセージも含めて「フェニックス」と名付けました。

牛木は「聖闘士星矢」という漫画の「フェニックス一輝」が大好きでした。

弟の瞬がピンチになると助けに来てくれて、一発で敵を倒して立ち去る姿に男のカッコよさを感じました。

メンバーがピンチの時には助けるような存在になりたい!という想いを持って「フェ

ニックス」と名付けました。

新たな立ち上げで牛木も新規の人を動員しまくり、22名での立ち上げが確定し、そのうちの7名は牛木の紹介ということで、ゴールドクラブメンバーという表彰も受けて初代プレジデントとなりました。

プレジデントというのは半年ごとに交代する会の代表です。

ちょうど牛木の事業が軌道に乗ってきたのもこの時期です。

この会から多くの見込み客を紹介してもらいましたし、志援者候補も紹介してもらいました。

あるときは、さいたまにある経営コンサル会社の副代表が牛木のセミナーを気に入ってくれました。

その会社は全国の商工会議所と深いつながりを持っていて、地方の商工会議所での営業セミナーや創業塾のセミナーの案件を沢山紹介してもらえたのです。多い時には毎月どこか地方に行って研修する時もありました。

ただの整備士あがりの営業教材を売っている男から、全国で営業研修をしている講師というイメージが周りについて、それから更に紹介の質が上がってきました。

そんなとき、美容専門学校で講師をする案件を頂きました。

え？なんで自動車整備専門学校卒の牛木が？と思うでしょう。

実は、その交流会で仲良くなった、エステをしている女性メンバーがある美容専門学校で講師をしていたんです。

美容専門学校って専属の先生だけじゃなくて、エステティシャンや美容師をしている人が週に数回とかで講師をすることも多いようなのです。

そのエステティシャンが専門学校に牛木のプレゼンをしてくれたのです。

実際に現場に出ると、技術以上にお客様とのコミュニケーションをとったり、次回予約や商品を勧める営業の方が重要だからそれを学校で教えた方がよい！ということを熱くプレゼンしてくれました。

それによって半年間、美容専門学校でコミュニケーションや営業を教える講師をすることになったのです。

今までに無い貴重な体験ができました。

その後、美容専門学校の講師経験があるということで、美容業界のセミナーオファーも来るようになって、営業活動の幅が広がりました。

そしてその3年後に面白いことが起こりました。

82年生まれ同士の飲み会で、ある横浜の美容師さんと仲良くなり、一度髪を切りに行きました。

仲良くなった美容師さんはカットだけするので、シャンプーからドライヤーまではアシスタントの若い女性が担当してくれました。

シャンプーを終えて、髪を乾かしてもらっているとそのアシスタントの女性が

「あの〜、牛木先生ですよね？」

と言ってきたのです！

「え？牛木先生？」

と言ってよく顔を見たら、美容専門学校の時の生徒だったのです！

こんな再会があるなんて思っても見なかったので、ビックリしました!!

その後も何度か、髪を切りに行って色々お話をしました。

起業してから、こういう人との出会いで奇跡的なことが良く起こります。
こういった出会いや再会がこの仕事の醍醐味かもしれません。

そんな研修講師や専門学校の先生もしながら、牛木の事業は順調になってきました。

そんな時、お茶の水の時から一緒だったメンバーに言われた言葉です。
「新宿の立ち上げから初代プレジデントで牛木さんすごく成長しました！
今の牛木さんはまさにカッコイイ大人ですよ」

自分では気づいていなかったのですが、リーダーシップを取ることによって、
自分自身も成長できたようです。

・五反田での1つ目の立ち上げ

当時、その異業種交流組織は外資系生命保険の営業マンが中心になって立ち上げをすることが多かったのです。

牛木のクライアントや友人でも外資系生保の営業の方はたくさんいて、みなさんその異業種交流組織に興味を持っていました。

でも当時は、１つの会に生保が１名しか入れない仕組みだったので、入りたくても入れないという状況でした。

そんな時、お茶の水の頃からお世話になっていた、そこの組織で幹部をされている方から声がかかりました。

「牛木くん、ディレクターになって五反田で新しい会を立ち上げしない？」

そのディレクターになれば、新宿でメンバーをしつつも、五反田で新しい会を作ることができるとのことでした！

五反田であれば地元で近いし、ウチのクライアントや友人の力になれるかもしれない！

という想いを持って、五反田で立ち上げを始めました。

まずは起業して1年目の時にクライアントになってもらった外資系生保の方と、スタートしました！

その後、牛木にSAを売ってくれた品川区戸越の不動産会社経営者に声をかけ、少しずつ人数が伸びてきました。

五反田で老舗の写真館経営者もメンバーになってもらい、なんとSA本部のトレーナーもメンバーに！

ドンドン仲間が増え、五反田近辺エリアでは初の会として、20名オーバーで立ち上がったのです。

しかし、その後、牛木が初めてディレクターとして立ち上げたこともあり、60代のベテラン経営者と牛木との折り合いが悪くなるなどといった、未熟さゆえのトラブルがいくつか起きて、15名以下になってしまいました。

そこで、改めてみんなで一致団結して人を増やそう！　と気合を入れて、再び人を集めて20名、25名、30名と伸ばしていきました。

そんな中で、この後、一緒に立ち上げをすることになる引っ越し屋さんのＭさん。この本の出版を企画してくれているＪＭＡアソシエイツの林会長など、とても貴重な出会いもありました。

・五反田での2つ目の立ち上げ

1つ目の五反田の会の立ち上げが一段落ついたころ、ちょうどSA日本一プロジェクトがあったので、1年ちょっと立ち上げ活動をお休みにしていました。

そして、SAで日本一を獲った後に、2つ目の会の立ち上げを始めました。

紹介で行った飲み会で仲良くなった、同い年のめちゃくちゃ熱い生保営業マンSさん。

牛木の理念にめちゃくちゃ共感してくれて、一気に仲良くなりました!

Sさんと、ウチから独立してSAで一緒に日本一になったTくんを引き合わせ、3人で新しい会作ろうぜ!と言ってスタートしたのです。

この2人の勢いは凄かったですね!!毎週1人につき、20人近くの新規の方を呼んで、あっという間に20名近くになりました。

そんな時に「36名で発足すると殿堂入りとなってアメリカで表彰される」

ということを聞いて、みんなに確認しました。

「このまま20人ちょっとを目指すのもいいけど、このペースなら36名も目指せる!殿堂入りで表彰されるならば、せっかくならそっちを目指さないか?決めるのはみんなだ!どう思う？」と聞いたら満場一致で36名を目指すことになりました！

熱くてイケイケのメンバーばかりでしたね。


ここでのコツはメンバーに決めてもらうということです。

牛木が上から36人目指して表彰されるぞ！と言ってもみんなは本気で動きません。

人から言われたことは頭ではわかりますが、腹落ちしません。

ですので、どうするかはいつもメンバーにゆだねるようにしていました。


その結果、35人までいったところで、タイムリミットが迫ってきました。

あと1日で1人入れないと…でももう誰もいない！

そんな時に奇跡が起こりました。

1つ目の五反田の会のメンバーのMさんが、自分の会社の元社員を半ば強引にこちらに入れてくれたんです。

それで何とか36名で立ち上げ成功！　当時の近隣では最大規模の立ち上げでした。

この会には20代の若いメンバーも多かったので、その後独立して会社を作ったとか、嬉しい出来事が沢山ありました。

・五反田での3つ目の立ち上げ

2つ目の会を立ち上げたメンバーから、立ち上げに興味があるという若者を紹介してもらいました。

彼は新卒の22歳なのですが、人材教育の営業をしていて、バリバリ人と会っていました。考え方も素晴らしく、オーラもあってプレゼンもめちゃくちゃうまい!!

年齢とキャリアを考えると一緒に立ち上げをするのは難しいのですが、彼なら奇跡が起こるかもしれない!と想い一緒に立ち上げをスタートしました!

牛木のクライアントも数名加入して、すぐに10名オーバーにはなりましたが、15名の壁に当たりました。しかし、苦戦している時にまた奇跡が起こりました。

数年前に営業の相談に乗ったことのある某外資系生命保険の新人営業マンが、今ではMDRTになり、新たな会を立ち上げて2年くらい苦戦している!と相談があったのです。

ちょうど業種の被りも無いということで合併することになり、一気に20名オーバーになりました！そして、その勢いのままつっぱしって33名での立ち上げとなりました。
殿堂入りまではいかずに悔しい想いをしたのですが、立ち上げができて良かったです。

この頃、３つの会を主催するなら貸し会議室を借りるより、自社で会場を借りた方が安いし効率も良いのではないかと思い付きました。

でも五反田で40人入る物件となると家賃が高いだけでなく、最初の保証金が８か月くらいかかるのが相場で、それがネックでしたので、良い物件はないか、あちこちで相談したところ、１つ目の会を一緒に立ち上げたクライアントでもある生保営業の方から、五反田のコワーキングスペースのオーナーを紹介してもらいました。

その方から
「知り合いの不動産屋さんが管理してるビルなら、保証金なしにできるかもしれないですよ」
と言われて、その不動産屋さんと物件を紹介してもらいました。

そこが今の（株）カッコイイ大人のオフィスでもあるサンユー西五反田ビル４階です。

40人くらい入る綺麗な物件だったので、そこに決めました！

保証金が無いといっても最初に家賃２か月分、テーブルやイスをそろえて１００万以上、合計で２００万ちょっとはかかりました。

その時はまだ融資を受けることができなかったので、ようやく貯まってきたお金をすべてはたいて、なんとか会場を借りることができました。

この時に人の妬み、ひがみ、やっかみというのを知りました。

他の貸し会議室よりも安い金額で長い時間使えて、コピー機も冷蔵庫も使えるという最高の環境なのに関わらず、メンバーの数人からは「俺たちの金で牛木が金儲けをしている」という話がでるようになっていたのです。

メンバーの為を思って２００万を投資して最高の環境を作ったのに。

とてもさみしい気持ちになりました。

でもそう思われるということは、まだまだ牛木が未熟だったからだと今では思っています。

牛木にお金が入るのがそんなに嫌だったのか、その会はもっと会場費の高いところへ移動することになりました。

何もかもが順調かと思えた時期ですが、これが最初のほころびだったのかもしれません。

・五反田での4つ目の立ち上げ

自分がディレクターとして立ち上げるだけでなく、自分の担当の会からディレクターを輩出し、そのサポートをすればエリアディレクターに昇格する、というシステムがあったので、せっかくなのでエリアディレクターを目指すことにしました。

そこで、3つ目の立ち上げでも手伝ってくれていたMさんがディレクターになりことになり、新たに立ち上げが始まったのですが、なかなか思うようにメンバー数が伸びずに苦戦していました。

そんな時、弊社役員でもあり妻の江崎愛が立ち上げに興味を持ってくれるようになったのです。

妻も本格的に営業を初めて、色々な交流会に行き、自分でセミナーもするようになっていたころでしたので、その江崎がメンバーに加わり、会が一気に盛り上がりました。

そんなタイミングで、牛木が2年前に1度だけ喫茶店でお会いした、高級時計の営業から生保に転職した素敵な営業マンにメールをしました。

牛木の持っている時計のことで色々アドバイスをしてくれて、とても優秀な方でした。

その人はその会があまり好きじゃなくて、入らないと言ってるのを知ってましたのでこんなメールを送りました。

「○○さん、お久しぶりです！以前に聞いた時計の話、すごく参考になりました。

今五反田で立ち上げをしていて、今生保の人がいない状況です。
○○さんはあまり興味ないと思いますが、入らなくても全然構いませんので見学にでもきませんか？というのも私が知ってる生保の中で一番素敵で一緒に仕事がしたい！と思える人が○○さんだったんです。」
というメールを送ったところ、快く来てもらえてすぐメンバーになってくれました！

元々色々な交流組織に顔が広い方だったので、そこから一気にメンバーが増えました！

20人、25人、30人と増えていき、まさかのまたまたタイムリミット前日で35名…

あと1人入らなければ解散という危機でした。

その時にまた奇跡が起こったのです！

五反田で最初にできた会のメンバーの行政書士さんが、後輩の行政書士をまたまた半ば強制的に入会させてくれました。

こうして36名達成で、新しい会が見事立ち上がりました！

妻の江崎が初代プレジデントとなり、妻の人脈も知名度も一気に上がって嬉しかったことを今でも覚えています。

ちなみに無理やり入会させられた後輩の行政書士ですが、その後色々とご縁があり、品川区議に自民党の推薦を受けて当選することができました！本人は、あれがきっかけで政治家になる夢が叶ったと喜んでいます。

彼は、今でも一緒に五反田の経営者の集まりを運営して仲良くしています。

そしてこの本の印刷をしてくれる西谷印刷の西谷社長とも、この会をきっかけに仲良くなりました。

ほぼ同い年で、元々同じバイク業界、ゲームや漫画の趣味も同じということですぐ意気投合したのです。

・五反田での5つ目の立ち上げ

あるとき、たまたまずっと仲良くしていた女性生保営業の友人から、異業種交流組織の立ち上げに興味があるという連絡をもらいました。

以前から興味があったらしいのですが子育てが落ち着いたらしく、ちょうどいいタイミングが来たのだそうです。

なぜ、牛木にはこのような相談がよく来るのでしょうか？

ここでのコツは、信頼できる人とは良い関係値を続けること。

多くの人がビジネスにすぐならないと縁を切ったり、もらったメール返さなくなります。でも、牛木は友人としてたまにあったり、ＳＮＳでやりとりしたり、薄い縁を続けていました。これが「貯人」ということです。

こうした積み重ねがあったので、出会ってから5年以上経っていましたが、一緒に立ち上げをすることになりました！

彼女の周りにはとても良い人脈があり、またまた一気に人数が増えました。

今回からは、メインはほぼMさんのお任せして、牛木はたまにフォローするくらいになりました。

2つ目の会の立ち上げ以上のメンバー数の伸びがあり、36名越えは楽勝に見えてきたところで、当時の立ち上げ時の人数の日本記録が55名だったと聞いていましたので、今回は、55名以上の人数で立ち上げて日本一を獲ろう！ということを話しました！

こういうでっかい目標を掲げると、今まで会に誘われたけど断ってたという人も加入しだします。その結果、56名で立ち上げをすることができて、無事殿堂入り&日本新記録達成ができました!!

今ではもうその記録は抜かれてしまいましたが、この立ち上げでまた多くの仲間ができたのでした。

・そして0からスタート

最終的に５つの会を立ち上げて、２つはMさんに任せて、３つは牛木がそのまま担当していました。すると異業種交流組織に使う時間がどんどんと膨れ上がり、本業に影響がでるようになりました。

全盛期は10人くらいいたフルコミ営業マンもだんだんと減ってきて、なんと、１名になってしまいました。

牛木が営業マンの教育、フォロー、採用に時間が作れなくなっていたのです。
だから売れる人は売れるけれども、そのあと独立。
売れない人は売れない、その結果、金銭的に厳しくなってやめる。
という負のスパイラルに入っていました。

でも交流組織で責任ある立場だから、こちらも半端にするわけにはいかない…。
どっちも中途半端になってしまっていたのです。

気が付いたら、自分からＳＡプログラムを買ってくれたりセミナーを受けたりコンサルティングを受けてくれているクライアントよりも、異業種交流組織の牛木の担当メンバーとの時間の方が増えてしまいました。

更に悩みの種がありました。

牛木が担当している会には牛木の同業者のようなメンバーもいます。
自分が作った異業種組織のメンバーが、同業者のサービスを受けて同業者に紹介をしていく。牛木はそのサポートをしている。

なんだかやりきれない感じを抱えながら、でも貢献すれば返ってくると信じながらも、俺はいったい何のために会社の経営をしているんだと、悩んでいたのです。

すると牛木の会場を使っていた組織も
「人数は増えないのは会場のせいかもしれない。もっと駅から近くて大きな会場に移ろう」
といって移るようになりました。

自分の利益の為に引き留めることはしたくなかったので、快く移動してもらいました。

５つの組織が牛木の会場を使っていた時は、月に50万くらいの会議室収入があったのが、０になりました。

本業を頑張れば50万くらいすぐに取り戻せる！　と思っていたのですが、肝心の本業に力をそそぐ時間が全く作れない。

結果、会社を作ってから右肩上がりだった売り上げも、ついに前期より下がってしまいました。

自分の会社の売り上げが下がっているのに、トレーニングでメンバーに「売り上げを上げるためには！」とか語っていて、なんだか詐欺師になってるような気分になりました。

このままではいけない！なんとかしないと！

と想い悩み、経営者向けの高額なコーチングを受けたり、４か月かけて経営理念を考える合宿にも行きました。

そうやって悩んだ末の結論が、そこの組織を辞めることだったのです。

5つの組織の人脈も、実績も、全て手放して、0から自分の会社を立て直そうと決意しました。

周りからはもったいない！辞めない方がいい！という声もあがりましたが、自分が何の為に会社経営をしているのかをずっと考えた末の答えです。

そして、自分が何の為に存在しているのか？
株式会社カッコイイ大人は何の為に存在しているのか？

これを深く考えた結果、新しい経営理念を作ることができました。

（株）カッコイイ大人が2018年末に新しく作った経営理念、それは

【本気で生きて人生を変えろ！カッコイイ大人が日本を変える！】
本気で生きて人生を変える大人を応援し、1人でも多くのカッコイイ大人を輩出すること。

それを考えたときに牛木がやるべきことは、(株)カッコイイ大人に専念することでした。

異業種交流組織はフランチャイズになっていてマニュアルも充実しているので、牛木じゃないとできないことではない。

逆に今までは牛木流を出してもよかったが、これからはそれは無い方が良い。

そういう想いを、牛木が声をかけて誘った人には１人ずつ会って、直接話しました。

怒られること、裏切り者と言われること、嫌われることも覚悟して伝えましたが、そういう人はほとんどいませんでした。

そうして、２０１８年末で異業種交流組織の全てを手放し、２０１９年からカッコイイ大人一本で動き出しました。起業したてで何もなかった牛木を育ててくれた異業種交流組織とその代表の方には今でも感謝の気持ちしかありません。

こうしてまた多くの仲間ができました。

会社に専念してすぐに、全国に意識の高い不動産営業マンの会員を持っているコンサルタントと一緒にビジネスをすることになりました。

彼が一気に数十人のクライアントを集めて牛木のセミナーを開いてもらい、そこから多くのお客様ができました。

このセミナーを受けたある不動産の営業マンは、いつもは20万~30万の給料だったのが、セミナーを受けてから給料が50万になり、その次の月には１００万を超えたそうです。

他にも大手結婚相談所の上位加盟店の方とも意気投合して、結婚相談所向けにセミナーもさせてもらっています。

さらに色々な仲間でできて、ラジオに出る話もあったり、一緒に新たな交流会を企画する話も出てきました。

会社の売り上げも回復し、ご縁のある多くの起業家や営業マンが２０１９年に入ってからも成果に繋げています。

そしてこの出版の話も２０１９年に入ってすぐに決まりました。

この本を書くにあたって、起業してから今までを振り返る良い機会にもなりました。本当に良い人と出会ったおかげで今があると思います。

中小企業白書の調べによると、起業した人の60％は3年で廃業してしまうそうです。10年続いてる人は10％もいないのです。

確かに、牛木の周りの起業家を見ても多くの人がいなくなりました。

一緒に成功しようぜ！と話してた起業家仲間数十人の中で、いまでもまともにビジネスをしてるのは3名くらいです。

今でも成功しているのは前に書いた福岡から来た3人組と、武士道教育の経営者、そしてより生命保険営業に特化した営業コンサルをしている友人くらいですね。

ちなみに、起業してから廃業してしまう理由の60％以上は販売不振だそうです。

結局、売上が上がらないから廃業してしまう。営業ができないから廃業してしまう。ということなのでしょう。

そんな起業家に営業のツボとコツをお伝えすることができれば、夢や志を持って一念発起した人の役に立てるのではと確信しています。

今までに、牛木の会社も何度も潰れかけるようなピンチがありました。

そんな時に奇跡的な契約があったり、大きな仕事が入ったりして何とか生きてこれました。

クライアント、志援者、友人たちに本当に感謝しています。

私ができることは今、起業して困っている人、営業で成果が出なくて悩んでいる人、自分の人生をもっと変えたいと本気で思っている人。

そんな人たちの役に立てたらと思っています。

営業や起業という世界に飛び込めば、誰でも人生を変えるチャンスがあります。

こんなダメダメ人間で、適当に整備士になった牛木でも、なんとか人生を変えることができました。

本気で生きて人生を変えろ！

カッコイイ大人が日本を変える！

本気で生きて、まずは自分の人生を変えてください。

より自分らしく、幸せを感じる生き方をしてください。

周りの人の意見や声は気にすることはありません。

多くの人が周りの評価、常識、超えに縛られて本当の自分の人生を歩んでないように思います。

牛木もいじめられた経験から自信をなくしたこと、人間不信になったこと、不良時代に社会のクズと言われたこと等の経験によって自分の本音を話す、自分のやりたいことをやる、自分の生きたいように生きるということができませんでした。

しかし、ＳＡプログラムの教育や他にも様々な学びを通じて、そして人から学び、自分らしく生きられるようになりました。

一生に一回の貴重な人生、自分らしく本気で生きてください。

そんなあなたの姿を見て、勇気づけられる人がいるでしょう。
それは、同僚や部下かもしれませんし、友達かもしれません。
家族が影響を受けるかもしれません。
あなたのお客様かもしれません。

あなたが自分らしく本気で生きるということは、自分の人生だけでなく、他人の人生にも良い影響をもたらすことができます。

その和が広がることによって日本が変わり、世界が変わるかもしれません。

この本に書いてあるストーリーは全て牛木の経験に基づく実話です。

そして、今までに牛木が得てきた営業、コミュニケーション、起業のコツも纏めてあります。牛木のストーリーと共にあなたのお役に立てたら嬉しいです。

ここまでは牛木のストーリーをお伝えしました。

ここからは少し趣向を変えて、牛木が学生時代にハマっていたゲームや漫画から学ぶカッコイイ大人について触れていきます。

皆さんのカッコイイ生き様の参考になれば光栄です。

第4章

ゲームや漫画から学んだカッコイイ大人

前章までにも、何度か書きましたが、牛木は学生の頃はよく漫画を読んだりＴＶゲームをしていました。

ＴＶゲームをしたり、漫画を読むというのは、あまりよくないことだと、当時は言われていました。

ゲームや漫画よりも外で遊んだりスポーツをする方が偉い。それよりも偉いのが、本を読んだり家で勉強する子だと言われていたのです。

しかし、牛木はゲームや漫画もモノによっては、学校の勉強以上に価値があると思っています。

少なくとも牛木の価値観を形成した要素には大きく影響をしており、あの経験があるから今の私があると思うのです。

・ゲームから学んだカッコイイ大人

例えばゲームで言うと、ＲＰＧ（ロールプレイングゲーム）が大好きでした。

ドラゴンクエスト、ファイナルファンタジー、ロマンシングサガ、クロノトリガー、聖剣伝説などなど、挙げればきりのないくらいやりました。


格闘ゲームも好きでしたね。

ストリートファイター２のキャッチコピーをご存知でしょうか？

「俺より強いやつに会いに行く」

女性にはさっぱりわからないと思うのですが、我々は熱くなったものです（笑）

歴史シミュレーションゲームもやりました。

信長の野望、太閤立志伝、三国志。

勉強はしていない牛木ですが、これらのゲームのおかげで、戦国時代に関しては歴史の先生より詳しかったです。

高校の時は不良少年であるにもかかわらず、歴史の授業で、戦国時代の時だけは先生に間違いを正すというよくわからない行動をしていました。

この経験があるから、後に古典や武士道を学ぶきっかけにもなりましたし、多くの歴史小説を読むきっかけにもなりました。

ですから、ゲームだからと言って頭から否定してはいけないと思っているのです。

そんなゲームの中で、特に今回伝えたいのがＲＰＧという分野のゲームです。

この分野のゲームは、基本的に良いことをするとシナリオが進むようになっています。困ってる人を助けたり、目先のお金よりも仲間を大事にしたりすると、その後に仲間が増えたり貴重なアイテムが手に入ります。

自分が損してでも人の役に立つ選択をすると、結果的に良いことが起こるんです。関係のない困ってる人を助けると貴重なアイテムが手に入ったり。高価なアイテムよりも仲間を大事にすることで、あとでもっとすごいアイテムや武器が手に入ったりするんですね。

もちろんゲームによって多少の違いはありますが、基本的には良いことをして悪い敵をやっつけるというのが、このタイプのゲームの流れです。

こういうゲームをやることによって、困ってる人を助けるとか、目先の利益よりも義理人情を大切にするという、現在のカッコイイ大人の価値観の元が構築されていきました。

こういったゲームを何度も繰り返しやっていたので、困ってる人を助けるとか、人として正しいことをするというのが身についたと思っています。

・漫画から学んだカッコイイ大人

そんな牛木の価値観に大きな影響を与えたもう1つが漫画。

特に牛木が大好きだったのが少年ジャンプと、そこに掲載されていた作品です。

ドラゴンボール、ダイの大冒険、幽遊白書、スラムダンク、ろくでなしブルース、ルーキーズ、るろうに剣心、北斗の拳、花の慶次、聖闘士星矢、ジョジョの奇妙な冒険、ワンピース、ハンターハンター、ブリーチ、ナルトなどなど

他にもたくさんありますが書ききれないのでこの辺にします。

少年ジャンプのテーマは「友情、努力、勝利」です。

ですから、これらの漫画のほとんどが仲間や友達を大切にしながら、一生懸命努力して、失敗しても諦めないで最後に勝利をつかむというある意味単純なストーリー展開となっているのです。

これまた、女性にはあまりわかってもらえなかったりするのですが、少年の心にはこの

展開がたまらないのです。

もちろん「デスノート」とか少しテイストが違う漫画もあります。「幕張」や「すごいよ!マサルさん」などといったギャグ漫画も大好きでした。

毎週ジャンプを買って読んで、単行本も買って読んでました。実は今でもたまに漫画喫茶に行って、懐かしいジャンプ漫画を読んだりもしています。

ジャンプ漫画の主人公はみんなカッコイイです。強くて優しくて、努力もできて正義感もあって、周りから信頼されて、いざというときには必ず大活躍をする。

そんなカッコイイジャンプ漫画の主人公に我々はずっと憧れていました。少年たちは、みんなそんな主人公のようにカッコよくなりたかったんです。

最近人気で映画化もされた『キングダム』の主人公も、これらの主人公に似てますね。『キングダム』は青年ジャンプが掲載誌ですが、主人公は熱くてまっすぐで弱い人を助けます。

そんな主人公たちに憧れていましたが、正直「俺とは違う」という感覚もありました。「最初からこんなに強くないし、強い敵に勇気を持って立ち向かいたいけど怖くてできない。卑怯なこともしてしまう。３日坊主で投げ出してしまう。」

自分との違いも感じながら、憧れと楽しいストーリーに引き込まれて、それでも、こんな風になりたいと思っていました。

この本を手に取ってる皆さんも似たような経験ありませんか？

ほとんどの人がそうだと思います。

カッコイイけど自分にはできない、だからこそ憧れるんですよね。

前の章で書いた熱血学園ドラマの主人公へ向ける心理と同じです。

そんな時に、ある漫画のある脇役がまさに牛木が理想としているカッコイイ大人でもあり、まるで自分自身のような感覚がしました。

『ダイの大冒険』という漫画をご存知でしょうか?

牛木が小学生の時にジャンプに連載された漫画で、一時テレビアニメにもなっていました。ゲームのドラゴンクエストの世界観で、オリジナル主人公の物語です。

ざっくりいうと、勇者ダイが仲間と一緒に大魔王バーンの魔王軍と戦い、最後に大魔王を倒すというお話になります。

この主人公のダイがめっちゃ強いんです。

最初から強くて純粋で、誰にでも分け隔てなく優しくてどんな強い敵にも正義感を持って立ち向かっていく。まさに少年漫画の王道の主人公なんですね。

そして、ピンチになると額にドラゴンの紋章というのが出てきて、めちゃくちゃ強くなるという要素もあります。

そんなダイの最初の仲間になる、ポップという魔法使いがいます。

彼は、ダイと比べてあんまり強くないんです。

厳しい修行からも逃げたり、敵が来ると真っ先に逃げるキャラです。よくある脇役のザコキャラ。でもこのポップは成長していくんです。

最初は強いモンスターが出てくると、ダイを見捨てて逃げてしまうのですが、ポップが好意を寄せている女性仲間からぶん殴られ、その後、偽勇者の仲間の魔法使いから「俺らみたいな小悪党になりたくないだろう」と言われて勇気を振り絞ってダイを助けにいきます！

相手は、自分よりも、めちゃくちゃ強い敵なのですが、それでも勇気を持って立ち向かって、いつしか敵の心まで動かすようになるのです。

それからドンドン強い魔法を覚えて、少しずつ活躍していきます。

ダイが記憶喪失のピンチになった時には逃げるふりをして１人で敵の軍団に立ち向かったりと、めちゃくちゃカッコイイんです！

そうして、仲間からも最も信頼される男にまで成長します。

最後は諦めかけたダイを勇気づけ、大魔王の必殺技をかき消すほどになります。

牛木と同じように、多くのダイの大冒険ファンは、ダイの大冒険の真の主人公はポップだと言います。

最初は弱くて卑怯でも逃げてもいいんです。
そこから歯を食いしばって努力をして、少しずつ成長していく。
まさにポップこそが、本当のカッコイイ大人です。

学生の時から運動も勉強もできるスターじゃなくても、社会人になってから一所懸命頑張ればだれでも変われるんです。

学生時代にいじめられてたっていい。
最初は仕事でミスをしたっていい。
情けない会社の辞め方をしたっていいさ。
そこから学んで悔しい思いして、少しずつ成長していきましょう。

友情、努力、勝利の気持ちを持って、一歩一歩挑戦していくあなたがいれば、必ず助けてくれる人がいます。

論語の章句の1つをお伝えします。

「徳あれば孤ならず、必ず隣あり」

人徳があれば孤独にならない、必ず隣に誰かいるよ。

という意味を持った言葉です。

自分の為だけでなく、周りの人の為、そして世の中の為に仕事をして、自分の人格を磨いていけば、必ず応援してくれる仲間や顧客ができます。

実は、有名な本屋さん、「有隣堂」の名前はこの論語の章句から来ているのです。

もし、この本の内容に共感してくれたとしたら、あなたはもうカッコイイ大人の仲間です。

機会があればあなたの夢や志を聞かせてもらって、牛木でよければ応援させてくれたら嬉しいです。

そして、最後は我々が大切にしているカッコイイ大人の7つの価値観についてお伝えします。

第5章

カッコイイ大人の7つの条件

・カッコイイ大人の7つの条件

本書の締めくくりとして、カッコイイ大人の7つの条件をお伝えします。

これは我々が大切にしている価値観。
言い方を変えると「コアバリュー」とも言います。

それは

①　本気で挑戦し続けること
②　失敗しても諦めずに自分を信じること
③　自分の人生を自分らしく楽しむこと
④　家族や仲間を大切にすること
⑤　誰に対しても謙虚な姿勢を持つこと
⑥　出会った人に勇気を与えること
⑦　その生き様はカッコイイか？

この７つです！

こんな生き方をしたらどうでしょうか？
めちゃくちゃカッコイイと思いませんか？

① 本気で挑戦し続けること

本気とは覚悟です。

口では「本気で」と言いながらも
覚悟が無い人がどれだけ多いか…。
ちょっとうまくいかないだけで諦める。
誰かに反対されたらやめる。
成功したいけれど自己投資できない。

私は起業家や営業マン向けに人材教育をする仕事をしているので、こういった人を沢山見てきました。

じゃあ本気って何かって言われると、なかなか答えられない人もいるかと思います。

中国古典の孟子の言葉で
「本気とは何か?」
が分かります。

中国古典の「四書五経」って聞いたことありますか?
四書というのは『論語』、『孟子』、『中庸』、『大学』という4つの本のことです。
戦国時代の大名や軍師が読んでいたと言われています。
幕末の志士もこれらの本を読み、影響を受けたと言われているものです。
武士道精神の一番の元は、これら「四書五経」といわれる中国の古典だったそうです。
カッコイイ大人のあり方や考え方も、これが元になっている部分が多くあります。

『孟子』という本の中に

「自ら反みて縮くんば、千万人と雖も、吾往かん」

という言葉があります。

「みずからかえりみてなおくんば、せんまんにんといえども、われいかん」

と、読みます。

これはどういう意味か？

「自分自身を振り返って、自分が正しいと思ったら、敵が1千万人いたとしても立ち向かって戦おう！」

という意味です。

これこそが覚悟です。

何人かに断られたからやめる。

借金するくらいならやめる。

人が集まらなかったからやめる。

こんな人たちとは大違いですね！

あなたには、敵が千万人いたとしても立ち向かっていく覚悟があるでしょうか？
ちなみに人類史上で敵が一千万人いた戦争はありません。

もしこの覚悟がないのであれば、起業して成功するとか、フルコミ営業で成功するのは無理です。

諦めて下さい。

感謝の気持ちを持って、サラリーマンに戻ってください。

逆にこの覚悟があるのであれば、成功する可能性があります。

私も24歳の時に覚悟を決めて、整備士から営業の世界に飛び込み、独立しました。

死ぬ物狂いで努力をしていました。

失敗と断られることの連続の毎日でした。
まるで暗いトンネルをずっと進んでいるような、先の見えない日々でした。
何度も挫けそうになりましたし、諦めそうになりました。
しかし、整備士から社長になるんだ！と覚悟を決めていたので心が折れませんでした。

覚悟でもあり、意地でもありました。諦めたくなかったんです。

その結果、２年かかりましたが成果に繋がりました！

本気で挑戦しましょう！

今の自分にできないことに挑戦する。
新しいことに挑戦する。
そして挑戦をし続けること。

例えば、
高尾山に登ったら、次は富士山。

富士山に登ったら次はエベレスト。
次の高い山に挑戦しましょう。

次の山に登る為には山を降りないといけません。

一度手に入れた栄光を手放し、新たな挑戦をする。

一度、地位や名誉を手に入れてしまうと、人はなかなかそれを手放せないようです。
自分の地位や名誉を手放す勇気も持ちたいですね。
そんなカッコイイ生き様がしたいですね！

本気で挑戦し続ける。
これができない人は失敗が怖いのかも知れません。

失敗が怖い人はカッコイイ大人の２つ目の条件を、腑に落とすとよいでしょう。

②　失敗しても諦めずに自分を信じること

皆さんは失敗についてどんなイメージがありますか？
多くの人が失敗についてマイナスイメージがあると思います。

失敗しちゃいけない。
失敗が怖い。
失敗したら恥ずかしい。

そう思っているかもしれませんがそれは違います。

失敗とは尊いこと。
失敗とは挑戦した証。
失敗は学びである。

何かに挑戦したからこそ、失敗もあれば成功するときもあるのです。

ということは、失敗は挑戦の証ではないでしょうか？

野球のバッターが空振り三振を恐れて、バットを振らなかったらどうなりますか？

そうです、ホームランもヒットもなければ、空振りすらできない！

勇気を持ってバットを振ってみましょう!!

たまたま当たってヒットになるかもしれないですし、ホームランになる可能性もあります。

バットを振らないと球には当たらない。

撒いた種しか実らない。

アポをとる。

クロージングする。

新しいことを始める。

うまくいかないこともあるでしょう。
失敗することもあります。

ただ、沢山の失敗を積み上げないと成功はないのです。

ということは？

失敗すればするほど、成功に近づいている！
と、思えませんか？

あの有名なエジソンも電球を発明した時に、１万回失敗したと言われています。

そのことをエジソンは
「失敗ではない。１万回うまくいかない方法を発見したのだ」
と、言ったそうです。
こんな解釈ができれば最高ですね！

失敗した時は悔しいし、恥ずかしいかもしれません。

でも、それは挑戦した証であり、成功へ近づいているということなのです!

失敗を楽しみにしながら挑戦しましょう!

中国古典の『論語』にも

「過ちて改めざる、これを過ちと言う」

という言葉があります。

失敗したらそこから学びましょう。

同じ失敗を繰り返すのはバカですが、失敗から学ぶのは賢者です。

失敗しても自分を信じて立ち上がるのだ!!

牛木が影響を受けた言葉を紹介します。

川崎新田ボクシングジムの会長であり、元東洋太平洋チャンピオンの新田渉世さんの言葉です。前の章で紹介した元キックボクサーの友人と一緒にランチ会を開催した時に、新田会長がいらっしゃり、みんなの前で講演をしてくれました。

その時の言葉が
「負けに負けるな」
というものでした。

試合に負けたとしても心が負けなければいい。また練習して試合に挑もう！
こう思って東洋太平洋チャンプになったのだそうです。

勇気づけられませんか⁇

負けに負けるな！

自分の一番の応援団は自分自身なのです‼

失敗しても諦めなければ失敗にはなりません。
いいじゃないですか、何度か失敗しても負けても。

そこから学んで挑戦しましょう！

③ 自分の人生を自分らしく楽しむこと

自分の人生は1回だけです。
前世とか来世とかソッチ系の話は受け付けません（笑）

一生に1回の貴重な人生、自分らしく生きていますか？
常識に縛られて生きていませんか??
他人の評価を意識していませんか？

人生の主人公は自分自身なのです。
自分の人生、自由に自分で決めて生きていきましょう。

自分の責任で、自分の人生を生き、楽しむこと。
楽しむっていっても遊びまくることではありません。

仕事も楽しい！
失敗も楽しい！

ツライことも後になれば楽しい！

仕事も遊びも全力で！

ここで四書五経の中にある「中庸」という考えが役に立ちます。

中庸というのは
中途半端とか50点という意味ではありません。

「バランスの取れた生き方」です。

1車線の道路をイメージしてみてください。
右端がやりすぎ
左端がやらなすぎ

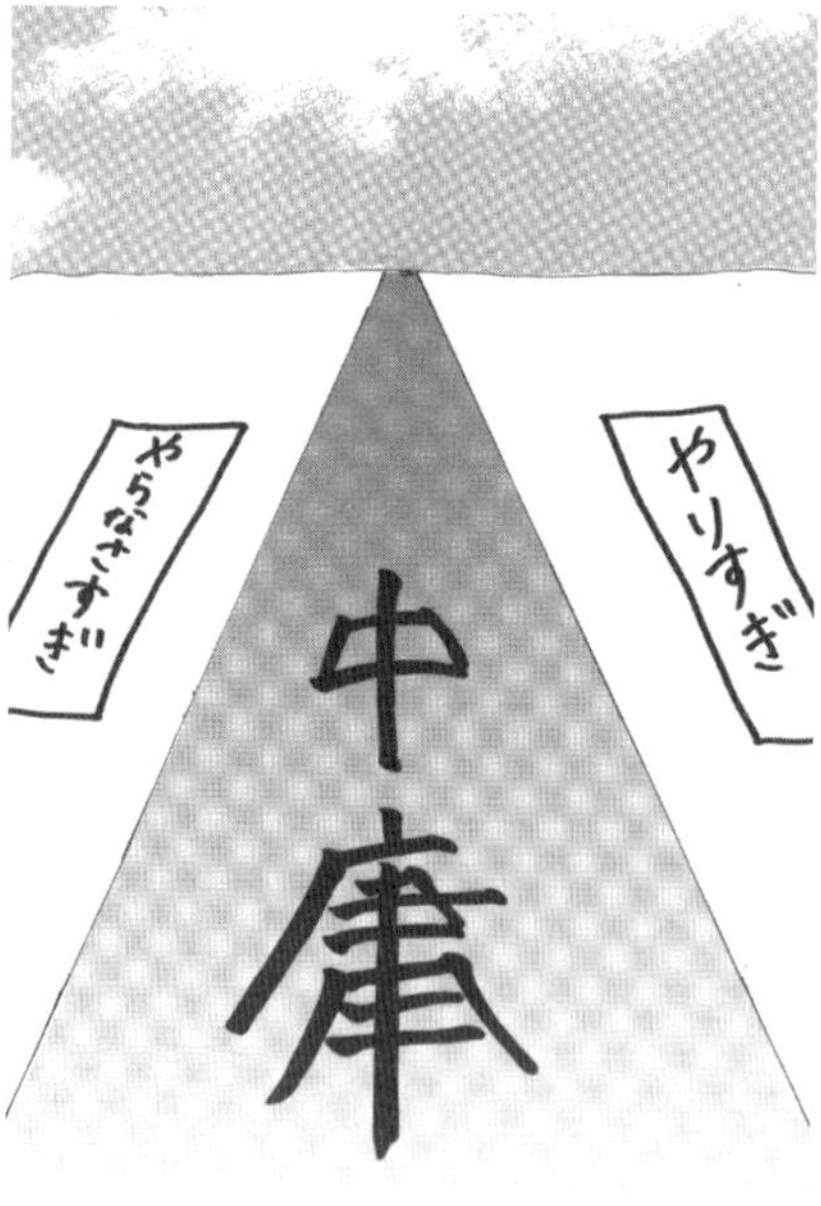

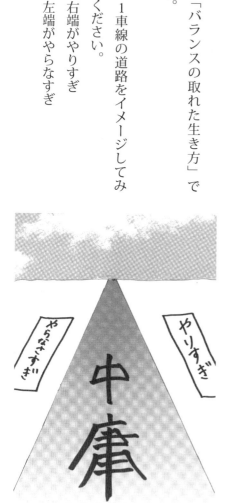

やりすぎてもよく無いし、やらなすぎもよく無い。
仕事だけをずっとし続けると体を壊してしまいます。
かといって
遊んでばかりでもよくないですね。

時には死ぬほど仕事を頑張る時期もあるべきだと思います。

それによって成長があります。

体を壊したり、自殺をするのはもちろんダメなことです。

牛木も前の章で書いたように西国分寺の店舗時代に死ぬほど働いたからこそ、成長がありました。


自分の時間、家族との時間も大切にしてこそ、カッコイイ大人です。

信号を守るとか、電車に駆け込まないということはとても重要です。

社会人のマナーでもありますし、守らないと人に迷惑をかけてしまうこともあります。

ただし、家族が危篤の時に、車が全く通らない道で信号を守る必要はあるでしょうか？

部下がミスをして取引先から苦情が来て、急いで向かわないといけない。そんな時にエスカレーターの左側に立って、歩いて電車に向かって、ドアが閉まりそうな時に「次の電車にしよう」と思うでしょうか？

思わないですね！多くの人は極端にどっちかに偏って考えがちです。ルールを守ることは大切ですが、時と場合によっては守らない方が良いこともあると私は思います。時と場合による、ケースバイケースです。

この中庸という生き方を戦国大名の伊達政宗が、「五常訓」と言う形で教えてくれています。

仁に過ぎれば弱くなる。
義に過ぎれば固くなる。
礼に過ぎれば諂《へつらい》となる。
智に過ぎれば嘘をつく。
信に過ぎれば損をする。

分かりやすく牛木流に訳すると

仁というのは簡単に言うと優しさです。
優しさは大事だけど、優しすぎると甘やかしになってしまう。
何でも買い与えてしまう親、部下を叱れない上司。
これは本当の優しさとは言えません。

義とは筋道と言ったりもします、つまりは人としての道のことです。

正義やルールは大事だけど、そればかりでは固くなる。

ルールだから、決まりだからと杓子定規な対応をされたら、なんだか固くて窮屈に感じますよね。

もちろんルールや決まりが大切なことは百も承知です。

でもそのルールや決まりは目的ではなく手段なはずなのです。

ビジネスでは成功や成果が目的なのに、まるでルール通りのやり方や決まりを守るのが偉い、みたいな考えになってしまう会社や組織も多いです。

手段よりも目的が優先されるべきではないでしょうか？


礼儀や挨拶は大事だけど、あまりやりすぎると、こびへつらいになってしまう。

お礼で頭を下げることをいいことですが、あまりペコペコと頭を下げられすぎると逆に嬉しくないですよね。まるでこびられてるように感じてしまいます。

贈り物やプレゼントもやりすぎると、いやらしく感じてしまいますね。


頭が良いのはいいことだけど、嘘をついてはいけません。

頭が良すぎるとついばれないと思って嘘をついてしまう。

人を騙したりしたくなったり、悪いことを思いついたとしても、そんな時は義を大事にしましょう。

人を信じることも重要ですが、すぐに人を信じすぎると、だまされたり損をすることもあります。

信じる心は大切ですが、時には疑うことも必要でしょう。

だからこそ、仁、義、礼、智、信をバランスよく人生に取り入れることが大事なのです。まさに中庸ですね。

とはいっても、可もなく不可もなく生きるのではなく、一旦振り切るくらいの生き様が牛木は好きです！

そういった経験を通じてバランス感覚を身に着けるのが、カッコイイ大人ですね。

④ 家族や仲間を大切にすること

家族や仲間、社員や友人を大切にしていますか？

自分と近い距離に人を大切にしないで、他人に貢献したり大きなことを成し遂げることはできません。

成功することや売上を上げることはもちろん重要です。
ただ、それは全て人を通して得られます。

人を大事にすること。
その中でも距離の近い家族や友人を大切にすることが重要です。
永続的に成功している人格者ほど、家族を大切にしているようです。

一時的な成功者だったり、そこそこの成金に限って、家族をないがしろにしていますね。

牛木も起業して多くの経営者や成功者と言われる人と会いました。

成功していて人格者と呼ばれている人は、皆さん家族を大切にしていますね。

でも、そこそこ成功していて自分を高く見せようとしている人に限って、家族を大切にしないで、外に愛人を作ったりしがちなんです。

これも中国古典の『大学』から学ぶことができます。

昔は学校の校庭につきものだった、あの二宮金次郎の銅像が読んでいるのが『大学』です。

高校の後に行く大学も、元々はこの『大学』が語源なのだそうです。

大学に行っていない牛木が、大学について語るのもなんだか不思議ですが（笑）

大学の中に

格物
致知
誠意
正心
修身
斉家
治国
平天下

という言葉があります。

牛木流解釈でざっくりとお伝えすると、次のような感じになります。

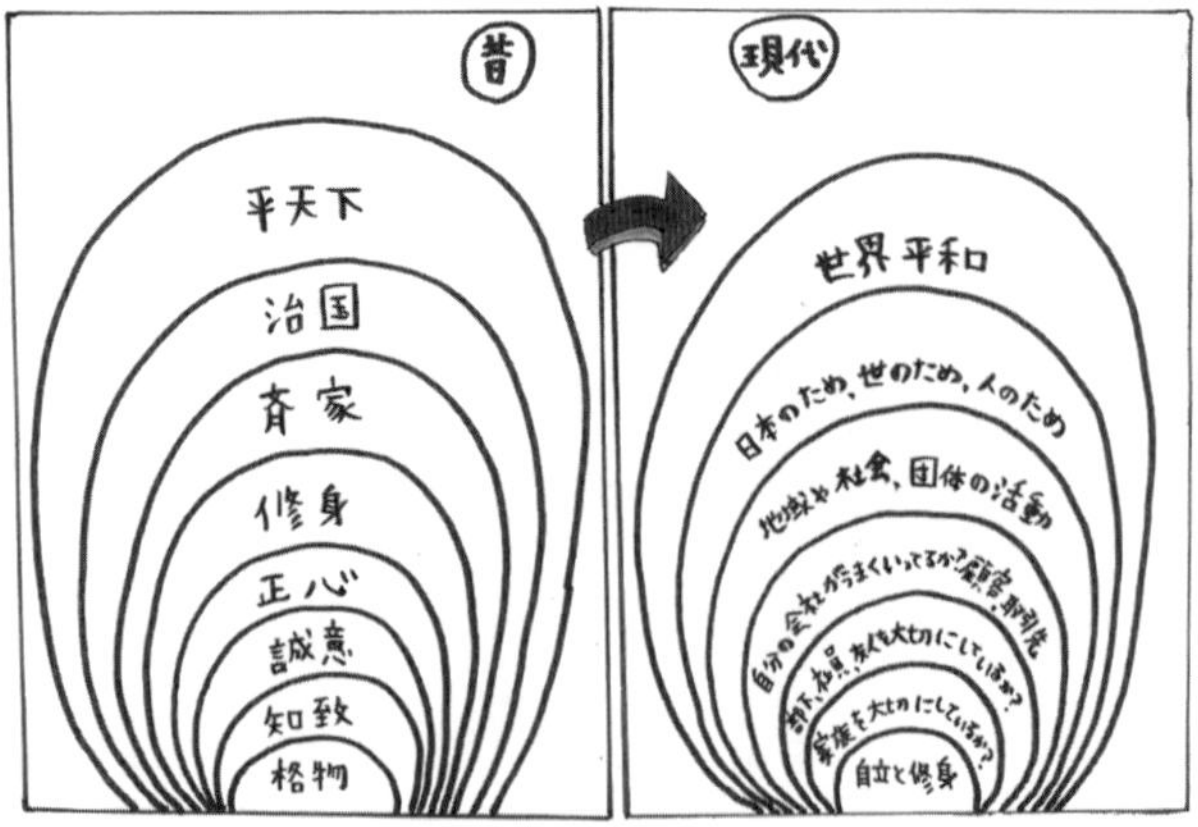

格物

まずは物事の本質を見れるようになりましょう。

ただの現象だけでなく、その背景や裏側まで見れるのが本質です。

到知

それから知識や知恵をつけましょう。

知識というのは知っている状態、知恵というのは知識を活用して恩恵を受けてる状態です。

知っているだけでなくそれを活かしましょう。

誠意

誠意を持って、人と接しましょう。

嘘をついたり、人を騙してはいけません。

正心

人として正しい心を持ちましょう。

本質的に善悪の区別をつけましょう。

修身
そして一人前の大人として自立しましょう。
この修身というのはカッコイイ大人になった状態です！

斉家
そして家庭を大切にしましょう。
親、兄弟、奥様、ご主人、子供と良い関係を築きましょう

治国
自分の国をちゃんと治めましょう。
現代で言うと自分の会社をちゃんと経営しましょう。
売上は上がっているか？従業員は満足しているか？税金や支払いをちゃんとしているか？

平天下
天下を治めましょう。
現代で言うと、地域や社会に貢献したり、全国や世界に向けてビジネスをすることです。

自分の家族を大切にできないような奴に、自分の会社を良くすることはできない。
自分の会社もうまくいってないのに、社会貢献だとか寝言言ってんじゃねえよ。
ということです。

自分の心
←
自分の体
←
家族
←
友人、仲間、社員
←
会社
←
地域、社会

←日本

←世界

と、一歩一歩進んでいきましょう。

もし起業して成功したいとか会社を作るのであれば、身近の人を大切にしましょうね！

身近な人を大切にできる大人こそがカッコイイ大人です！

この考えもある経営者向けの早朝勉強会で工藤直彦さんという方から教えてもらいました。

この学びがなかったらこの本の出版もなかったと思います。

⑤ 誰に対しても謙虚な姿勢を持つこと

これこそ整備士時代にラジオの部長さんとの出会いから学んだことです。

目上にはペコペコ、目下には横柄。
こんな大人はカッコ悪い大人の代表です（笑）

誰とでも謙虚に接するのが本物のカッコイイ大人です。
年齢や立場や肩書によって態度を変えないこと。
逆に自分より目下、年下、立場が下の人にこそ謙虚に。

相手が自分のより年上、経営者、成功してるとわかったら、急に態度が下手になり、こびへつらう。

相手が年下、フリーター、お金を持ってないとわかると急に偉そうになり上から語りだす。

めちゃくちゃカッコ悪いですね…。

「お前はドラえもんのスネ夫か！」

って言いたくなります（笑）

誰にでもペコペコ頭を下げろといっているのではありません。

態度を変えないことです。

自分より偉い人にこびて、立場が下の人に偉そうにする。

こういうあり方は武士道では「卑怯」と言います。

武士道精神とは、卑怯を憎む心とも言われています。

カッコイイ大人の考え方は、武士道に通じるものがあります。

卑怯を憎み、潔く生きる。

こんなカッコイイ生き様をしたいと思いませんか？

牛木も色々な成功者と呼ばれる人や経営者と会いました。

中にはお金を持っているけど、人として魅力を感じない経営者も沢山いました。

「またこの人に会いたい！」と思う経営者、人望の厚い経営者。


その共通点は皆さん謙虚でした。

一緒に食事に行くとよくわかります。

お店の店員さんにも優しいのです。


「ご馳走様！おいしかったよ！」

「ありがとう、また来るね！」

「これ下げてもらっていいですか？」


逆にうまくいっていない人の特徴は、お店の店員さんにとても横柄です。

特に牛木が感銘を受けたのは、イエローハットの創業者、鍵山秀三郎さんです。イエローハットといえば東証一部上場、全国５００店舗以上、年商９００億円を超える自動車部品販売の大企業です。今から約50年前に自転車の行商から鍵山さんは起業して、会社をここまで大きくしました。年齢は85歳くらいになります。ということは、超大成功者なわけです。

そんな鍵山さんのお話を、２０１２年頃にたまたま講演会で聞く機会がありました。５００人くらい集まった講演会に登壇した鍵山さん、めちゃくちゃ謙虚なんです。

周りのアシスタントスタッフにも
「ありがとう。」と、声をかけてお辞儀をする。

登壇すると深々とお辞儀をして、
「私なんかの為にこんな多くの人に集まってもらって、本当に感謝しています」

これは文章で伝わりづらいのですが、この瞬間に牛木はウルウルしてしまいました。

なんかね、人柄が伝わってくるんですよ！開始1分もしないで心を掴まれました。

この人には勝てないな、という感じと似ています。その瞬間に自分の小ささを感じました。

その時、鍵山さんは「凡事徹底」ということをお話しされました。

平凡なことを徹底的にやること。派手なことはしなくてもいい、当たり前のことをしっかりやろう。

社長自らトイレ掃除をすることの重要さもお話ししてくれました。

鍵山さんのような大成功者が会社のトイレ掃除をし、全国で掃除の活動もされているのです。

そんな話を聞いて、鍵山さんは、牛木の中で鍵山先生となりました。

究極の謙虚さを持っているのが鍵山先生だと思います。

牛木もちょっとうまくいくと調子に乗るので、そんな時はいつも鍵山先生を思い出し、謙虚に生きようと思っています。鍵山先生は凡事徹底の本も出していますし、ネットで検索すると色々出てきます。

「実るほど、頭を垂れる稲穂かな」

謙虚に生きる大人がカッコイイ!

⑥ 出会った人に勇気を与えること

ここまでは割と自分の生き方、あり方についてお伝えしてきました。
しかし、今回は他人との関わり方になります。

みなさんの周りにこんな人はいませんか？

他人に勇気、やる気、元気を与えてくれる人。
逆に、他人から勇気、やる気、元気を奪ってしまう人もいますね。
奪う人よりも、与える人がカッコイイですよね。

落ち込んでいる友人がいたら、声をかけて励ます。
困っていそうな人がいたら、自分から声をかけてみる。
相手の短所よりも長所に目を向けてあげる。
相手の可能性を相手以上に信じ切る

もし、こんな生き方を自然とできたらどうでしょうか？

きっと人望も厚くなり、周りからも信頼されるでしょう。
この為に必要なのは嫌われる勇気を持つことです。
※『嫌われる勇気って本』もおススメです。

周りの評価を気にすることや保身を手放すことです。時には相手に厳しいことを言わないといけないこともあります。

多くの人は嫌われたくないから、思っても伝えません。そこまで言う筋合いもないな、と思うこともありますが、大切な友人が迷っている時、落ち込んでいる時、おかしな方向に進んでいる時。そんな時には厳しいことも言う必要があります。

嫌われるかもしれないけど、相手の為に一歩踏み込む勇気。

ここでイメージして欲しいのが、学園ドラマの先生です。

牛木が好きなのは『GTO』の鬼塚永吉や『ROOKIES』の川藤先生。

他にも金八先生やスクールウォーズ、ごくせんなど。世代によって似たようなのがあると思います（笑）

どちらにせよ、主人公の熱血教師は生徒の為に本気で踏み込んで関わりますよね？他の先生たちが諦めたり無関心なところでも、例え嫌われても殴られても、生徒に本気で関わります。生徒が諦めても、あの先生達は諦めていないのです！

あの生き様こそがカッコイイ大人だと思いませんか？

『GTO』の鬼塚は、両親の仲が悪くなって寂しくしている生徒に家に行って、部屋の壁をぶっ壊します。

『ROOKIES』の川藤は、野球部存続危機の時に

「本当はサッカーがやりたいんだ」

と冗談で言った野球部員をサッカー部に入れるために本気で動きます。

「いやいや、ドラマの作り話でしょ？」と思いますか？

確かに作り話、フィクションです。ただ、学園ドラマでほぼ同じような展開、同じような熱血先生が主人公になるのは何故でしょうか?学園ドラマだけでなく、他のドラマや映画、漫画の主人公も、他人の為に自分が損してでも、本気で関わるタイプが多いと思いませんか?

牛木の好きな少年ジャンプの主人公なんてだいたいそんな感じです。
ということは?
誰しもがそんな生き方、あり方に憧れている。
でも実際に普通はできないよな…。
という想いがあるから、熱い主人公が生まれるのではないでしょうか?

普通はできないけど憧れるカッコイイ生き様。
それこそが我々が目指す生き様ではないでしょうか?
自分が本気で生きて、自分の人生を変えるのは当たり前!
他人の人生を変える、そのくらいの影響力を持ちましょうよ!!
あなたはあなたドラマの主人公なのです。
さあ、今から視聴率を上げに行きましょう。

⑦ その生き様はカッコイイか？

突然ですが、皆さんは今、これまでの自分の生き様を振り返ってみたとしたら、いかがでしょうか？

胸を張ってカッコイイと言えますか？

それとも
「ちょっとカッコ悪いな…」

と思いますか？

ここでもカッコイイの判断は人それぞれです。

皆さんが自分の行動や発言を振り返って、今の自分はカッコイイ！と言えるなら最高です。


牛木も常にそうありたいと思っています。

しかし、カッコ悪いときも沢山あります。

人の意見に流されてしまったり。
見て見ぬふりをしてしまったり。
自分に言い訳をしてしまったり。

そんな時に
「今の俺ってカッコイイかな?」
と振り返って反省しています。

もっと本気で関われたんじゃないか?
もっと本音で語った方がよかったのでは?
もっと優しくできたんじゃないか?

牛木も反省の毎日です。

ここまで株式会社カッコイイ大人の提唱する、カッコイイ大人像についてお話してきました。

人それぞれカッコイイと思う生き方があると思います。

あなたが理想だと思うカッコイイ大人の生き方を貫いて下さい。

牛木の今までのストーリーや、カッコイイ大人の7つの条件がその参考になれば嬉しいです。

ここまでの牛木のストーリー、漫画やゲームからの学び、そしてこのカッコイイ大人の7つの条件があなたの生き方の何かお役に立てれば幸いです。

本気で生きて、今の自分にできないことに挑戦する。

そして周りの人を大切にして謙虚であり続ける。

こんなカッコイイ大人が日本に増えたら、世界をビックリさせることができるのではないでしょうか。

一生に1回の貴重な人生、あなたはあなたらしく、本気で生きて幸せを感じて欲しいと思っています。

【著者紹介】
牛木章太（うしき・しょうた）

株式会社カッコイイ大人　代表取締役
1982年生まれ東京育ち。
24歳までバイクの整備士として働き、社長になる為に営業の世界に飛び込む。SAプログラムを活用し営業未経験でトップセールスに。2008年にSAのフランチャイズとして独立し、2013年にはSAプログラムの販売で日本一に。
【本気で生きれば人生は変えられる】という理念の元に株式会社カッコイイ大人を設立。世界最大の異業種交流組織を5つ立ち上げた経験を持つ。その独自の人脈作りや営業方法、カッコイイ大人のあり方を全国で講演を通じて伝えている。

カッコイイ大人になれ!

2019年8月31日　第1刷発行
著　　者　牛木章太
発 行 人　濵　正史
発 行 所　株式会社元就《げんしゅう》出版社
〒171-0022 東京都豊島区南池袋4-20-9
サンロードビル2F-B
電話 03-3986-7736　FAX 03-3987-2580
振替 00120-3-31078
イラスト　大島　藍
装　　幀　有限会社MESSA
印 刷 所　西谷印刷株式会社

ISBN 978-4-86106-263-6 C0034